실시간

일본인과 프리하게 대화한다~

여행일본어

일본어교재연구원 엮음
Koseki Emi 감수

도서출판 예가

C·O·N·T·E·N·T·S

이책의 활용법 6 / 완벽한 여행준비 8 / 나라별 초간단 기본회화 20
히라가나·카타카나 22 / 초특급 여행정보 24 / 기본회화 34

PART 1 출입국

단어를 바꿔가며 말해요 62
unit ❶ 설레는 기내에서 64
unit ❷ 침착한 입국심사 73
unit ❸ 수화물·환전·세관검사 77
unit ❹ 공항에서 호텔까지 81
여행정보 Tip 86
point words 94

PART 2 호텔

단어를 바꿔가며 말해요 98
unit ❶ 호텔예약과 체크인 100
unit ❷ 룸서비스 이용하기 108
unit ❸ 호텔시설 이용하기 112
unit ❹ 호텔내 전화·우편 118
unit ❺ 호텔내 트러블 122
unit ❻ 호텔 체크아웃 126
여행정보 Tip 130
point words 134

TRAVEL

PART 3 레스토랑

단어를 바꾸가며 말해요 138
unit ❶ 식당찾기와 예약하기 140
unit ❷ 음식 주문하기 147
unit ❸ 맛있는 음식 즐기기 151
unit ❹ 식당내 트러블 157
unit ❺ 패스트푸드 먹기 161
unit ❻ 음식값 계산하기 164
여행정보 **Tip** 167
point words 172

PART 4 교통

단어를 바꾸가며 말해요 176
unit ❶ 길묻기와 대답하기 178
unit ❷ 택시로 이동하기 184
unit ❸ 버스로 이동하기 187
unit ❹ 관광버스로 이동하기 189
unit ❺ 지하철·기차로 이동하기 191
unit ❻ 비행기로 이동하기 198
unit ❼ 렌트카 빌려타기 202
unit ❽ 자동차로 이동하기 206
여행정보 **Tip** 209
point words 214

PART 5 현지관광

단어를 바꿔가며 말해요 218
unit ❶ 관광안내소 220
unit ❷ 투어로 관광하기 223
unit ❸ 관람티켓 구입하기 228
unit ❹ 기억에 남는 사진촬영 233
unit ❺ 재미난 흥밋거리 236
unit ❻ 레저를 즐길 때 240
여행정보 Tip 242
point words 248

PART 6 쇼핑

단어를 바꿔가며 말해요 252
unit ❶ 쇼핑샵 찾아가기 254
unit ❷ 원하는 물건찾기 257
unit ❸ 색상과 디자인 262
unit ❹ 백화점과 면세점 266
unit ❺ 물건값 계산하기 270
unit ❻ 포장과 배송하기 274
unit ❼ 반품과 환불요청 277
여행정보 Tip 280
point words 286

PART 7 통신

단어를 바꿔가며 말해요 290
unit ❶ 초대와 방문 292
unit ❷ 전화걸기와 전화 받기 295
unit ❸ 우체국에서 우편붙이기 300
unit ❹ 은행에 가서 일보기 304
여행정보 Tip 306
point words 311

PART 8 트러블

단어를 바꿔가며 말해요 314
unit ❶ 일본어가 서툴때 316
unit ❷ 위급상황시 대처하기 319
unit ❸ 물건도난시 대처하기 322
unit ❹ 교통사고시 대처하기 326
unit ❺ 병원에서 대처하기 330
여행정보 Tip 334
point words 339

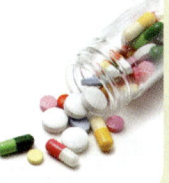

PART 9 귀국

unit ❶ 항공편 예약과 재확인 342
unit ❷ 공항가기와 비행기 탑승 346
여행정보 Tip 352

부록 : 기본으로 알아두면 편리한 일단어 356

이책의 활용법

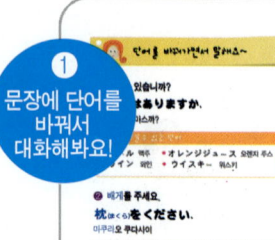

① 문장에 단어를 바꿔서 대화해봐요!

② unit별로 나눠 대화형식으로 엮었어요!

출국시 꼭 알아두어야 할 에티켓

출국하기 전
- 여행을 자신이 직접 갔고 있는 경우는 짐이 출발일 일주일 전에는 항공사나 여행사에 예약 재확인을 하고, 여행을 하고자 하는 나라의 날씨, 주의사항, 문화 등 간단한 정보를 익힌다.
- 환전은 시내 은행이나 공항에서도 가능하며, 환전할 때는 여권이 꼭 필요하다.

출국하는 날
- 보통 국제선은 출발시간 2시간 전, 국내선은 1시간 전부터 출국수속을 시작한다. 주말에는 평상 공항이 붐비므로 수속이 더 더뎌지게 마련이므로 미리 서둘러 공항에 가는 게 좋다.
- 비행기 좌석배정은 보딩패스(비행기 티켓)을 좌석권으로 바꾸는 것을 말 하는데 일찍 할수록 원하는 자리에 앉을 수 있다.

공항에서
- 짐이 많은 사람들은 내용물이 손상되지 않게 잘 포장한 다음 보딩패스를 할 때 짐을 부치고, 반드시 TAG(짐을 부칠 때 항공사에 주는 꼬리표, 보통 항공권명, 출발지, 도착지, 시간이 적혀 있음)를 받고 가방에도 이름표를 꼭 달아놓는다.
- 휴대한 귀중품은 세관을 통과할 때 직 신고하여 입국시 문제가 발생하여 좋은 추억을 망치는 일이 없도록 해야 한다. 기내에는 간단한 휴대 가방만 갖고 들어갈 수 있다.

기내에서 지켜야할 에티켓

좌석에서
- 기내에서 간편한 옷차림을 하거나 슬리퍼를 신는 것은 편하지만 내의 바람이나 양말을 벗는 행위는 곤란하다. 발이 피 순환이 신발을 벗는 것은 가능하나 섞은 채 기내를 돌아다니거나 신발을 벗은 발이 타인에게 보이도록 자세를 취하는 것은 실례가 되므로 조심해야 한다.
- 승무원을 부를 때는 승무원 호출버튼을 누르거나 통로로 지나 때 가볍게 손짓하거나 눈이 마주칠 때 살짝 부른다. 꾸미 식으로 손을 흔들어 부르는 것은 예의에 어긋난다.
- 좌석의 등받이를 뒤로 제칠 때는 지나치게 제치지 않는다. 식사가 시작되면 제자리로 등받이를 반드시 원위치로 해 놓는다. 베개와 모포는 보통 머리 위의 선반에 비치되어 있다.

식사를 할 때
- 식사서비스가 시작되면 일단 자기자리로 가서 허리를 똑바로 펴 앉으며 테이블을 펴고 기다린다.
- 식사나 음료서비스를 받을 때는 "Thanks" 나 "ありがとう" 한 감사 표시를 하는 것이 좋은 에티켓이다. 식사가 끝나면 반드시 식사 테이블을 원위치로 올려놓아야 한다. 기내에서 술

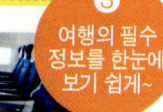

POINT WORDS

博物館(はくぶつかん) 하쿠부쯔칸	박물관
近(ちか)く 치카쿠	가까운
標示(ひょうじ)する 효-지스루	표시하다
失(うしな)う 우시나우	잃다
旅行客(りょこうきゃく) 료코-캬쿠	여행객
自分自身(じぶんじしん) 지분지신	자기 자신
路線(ろせん) 로센	노선
お釣(つ)り 오쯔리	거스름돈
小銭(こぜに) 코제니	잔돈
乗(の)り換(か)える 노리카에루	갈아타다
駅(えき) 에키	역, 터미널
もう一度(いちど) 모-이치도	다시
帰(かえ)る 카에루	돌아가다
自動販売機(じどうはんばいき) 지도-한바이키	자동판매기
出口(でぐち) 데구치	출구

POINT WORDS

公園(こうえん) 코-엔	공원
止(と)まる 토마루	서다
次(つぎ) 츠기	다음
切符(きっぷ)売(う)り場(ば) 킵푸우리바	매표소
予約(よやく)する 요야쿠스루	예약하다
乗(の)り場(ば) 노리바	승차장
パスポートと旅券(りょけん) 파스포-토토료켄	여권
借(か)りる 카리루	빌리다
ガソリンスタンド 가소린스탄도	주유소
リスト 리스토	목록
オート 오-토	자동
料金(りょうきん) 료-킨	요금
保険(ほけん) 호켄	보험
価格(かかく) 카카쿠	가격
救急(きゅうきゅう) 큐-큐-	응급

완벽한 여행준비!!

여권과 비자

여권은 국적과 신분을 증명하는 신분증으로 외국 여행 시 여권을 소지할 의무가 있다.

여권발급(전자, 복수여권 기준)
본인이 직접 신청한다. 단 질병, 장애 및 만 18세 미만의 미성년자는 제외
- **구비서류** : 여권발급신청서, 여권용 사진 1매, 신분증, 병역관계서류
- **수수료** : 유효기간 10년 55,000원, 유효기간 5년 만 8세 이상 47,000원, 만 8세 미만 35,000원

※ 신규 여권 발급 시 전자 여권으로 발급되고 있으며 미국 비자면제프로그램(VWP)를 이용하기 위해서는 반드시 전자여권을 발급받아야 한다.

※ 단수여권은 유효기간 내에 1회에 한하여 외국여행을 할 수 있는 여권

여권사진
6개월 이내에 촬영한 사진으로 귀 부분이 노출되어 얼굴 윤곽이 뚜렷이 드러나야 한다.
가로 3.5cm × 세로 4.5cm로 정면을 응시하며 눈동자가 선명하게 보여야하며 안경은 착용 가능하지만 안경테나 안경렌즈에

여행을 떠나기 전 설레이는 마음 그러나 막상 가면 항상 준비가 부족해 아쉬움이 남는 경우가 있다. 완벽한 여행준비는 여행을 200% 즐겁게 하며 어떠한 위급상황에서도 여유롭게 대처할 수 있다.

눈이 가려서는 안 된다. 바탕은 흰색이여야 하고 모자나 머플러 착용 및 흰색의상, 제복 등도 안 된다.

비자
❶ 한국은 단기체재(90일 이내) 목적으로 일본에 입국할 경우 비자가 면제된다.
❷ 비자(사증)는 몇 가지 종류로 구분되어 있어 입국목적과 체재예정기간이 기재되어 있어 입국심사 시 입국목적에 맞지 않은 사증을 가지고 있으면 입국이 허가되지 않는다.
❸ 필요한 서류는 사증신청서, 주민등록등본 또는 주민등록증 사본, 사진 1매, 재류자격인정증명서, 여권 등이 필요하다.
※ 재류자격인정증명서는 일본 측의 회사나 학교의 직원 등이 일본의 지방입국관리국에 신청하여 교부 받는 것으로 이 증명서를 발급받은 경우 사증발급이 쉽고 빠르다.
단, 유효기간이 교부 후 3개월이므로 그 이전에 입국해야 한다.
❹ 입국이 허가되었을 때 재류자격 및 그에 맞는 재류기간이 부여된다.

한국인의 무사증입국이 가능한 국가

아시아
동티모르(외교·관용), 마카오(90일), 라오스(15일), 홍콩(90일), 몽골(최근 2년 이내 4회, 통산 10회 이상 입국자, 30일), 베트남(15일), 브루나이(30일), 인도네시아(외교·관용/14일), 일본(90일), 대만(30일), 필리핀(21일)

아메리카
미국(90일), 캐나다(6개월), 가이아나, 아르헨티나(90일), 에콰도르(90일), 온두라스(90일), 우루과이(30일), 파라과이(30일), 북마리아연방(30일)

유럽
사이프러스(90일), 산마리노(9일), 세르비아(90일), 모나코(90일), 몬테네그(90일), 슬로베니아(90일), 크로아티아(90일), 안도라(90일), 보스니아헤르체고비나(90일), 우크라이나(90일), 조지아(90일), 코소보(90일), 마케도니아(1년 중 누적 90일), 알바니아(90일), 영국(최대6개월), EU국가(90일)

오세아니아
괌(15일/VWP 90일), 바누아투(1년 내 120일), 사모아(60일), 솔로몬군도(1년 내 90일), 통가(30일), 팔라우, 피지(4개월), 마샬군도(30일), 키리바시(30일), 마이크로네시아(30일), 투발루(30일)

아프리카·중동
남아프리카공화국(30일), 모리셔스(16일), 세이쉘(30일), 오만(30일), 스와질랜드(60일), 보츠와나(60일), 아랍에미리트(30일)

※ 미국 : 비자면제프로그램에 의해 전자여권으로 https://esta.cbp.dhs.gov에서 전자여행 허가를 미리 받아야 한다.
※ 영국 : 무사증입국 시 신분증명서, 재정증명서, 귀국항공권, 숙소정보, 여행계획 등 제시 필요(주영국대사관 홈페이지 참조)

환전 및 여행경비

❶ 공항지점 보다 일반 거래 은행 지점 이용한다.

공항은행은 많은 여행객들이 환전할 수 있는 마지막 창구이기 때문에 환전 수수료가 비싸게 운영되므로 공항에 가기 전에 시중은행에서 필요한 금액을 미리 환전해 놓는다. 최소한의 경비만 환전할 계획이라면 가까운 은행에서 환전해도 무방하다. 보다 좋은 환율을 적용받고 싶다면 시내금융가의 본지점에서 환전하는 것이 유리하다.

❷ 고시환율이 싼 은행을 찾거나 환율우대쿠폰을 확인한다.

환율은 주가처럼 끊임없이 변하므로 은행마다 조금씩 차이가 있기 때문에 각 은행 중에서 가장 환율이 싼 은행을 선택하여 환전하는 것이 좋고 각 은행에서 발행하는 환율우대쿠폰도 확인해 본다.

❸ 인터넷 환전

인터넷 환전은 수수료가 오프라인보다 싸고 다양한 이벤트도 많이 한다. 은행 홈페이지에서 외화를 구입한 뒤, 원하는 지점에서 돈을 수령하면 된다. 또 공동 구매처럼 여러 명이 모여 좀 더 높은 환율 우대를 받는 방법도 있다.

❹ 화폐 단위는 여러 가지로 준비한다.

일본의 경우 고액권 사용이 쉬운데 만엔을 편의점에서도 간단히 바꿀 수 있다. 다만 분실을 대비하여 환전할 때 너무 큰 단위

로만 환전하지 않는다. 또 외화 동
전은 기준 환율의 50~70% 수준
에서 살 수 있지만 환전이 가능한
곳이 따로 있으니 미리 알아보고
환전한다. 다만 무게가 있고 휴대
가 불편하므로 사용할 만큼만 교
환하고 여행에 돌아와서 동전을
다시 환전할 때는 50% 가격밖에

쳐주지 않으므로 돌아오기 전에 모두 사용하고 돌아오거나 동
행인이 있다면 동전을 모아 지폐로 교환하는 방법도 있고 공항
내 유니세프 모금함에 기부하는 방법도 있다.

❺ 여행자 수표 활용

현금 분실이 걱정이라면 여행자 수표를 준비한다. 수표는 발급
후 한 군데에만 사인을 모두 해 놓고 사용 시 나머지 한 군데에
사인을 해서 본인임을 증명한다. 또 수표에 있는 일련번호를 모
두 적어두어 분실 시 재발급과 환급에 대비한다. 단점은 작은
업소에서는 사용하기 힘들기 때문에 고액은 여행자 수표를 소
액은 현금을 준비하는 것이 좋다.

❻ 국제현금카드를 준비한다.

국제현금카드의 장점은 해외에서도 국내 예금을 현지화폐로
찾아 쓸 수 있다는 것과 환전의 번거로움이 없다는 것이다. 시
중 은행에서 신청하면 되고 분실 시 해외에서 재발급이 불가능
하므로 미리 2장 만드는 것도 좋은 방법이다. 출국 전 비밀번호
4자리를 미리 확인하고 계좌 잔액도 확인한다. 일본 세븐일레
븐이나 우체국의 ATM을 사용하면 된다.

❼ 신용카드

- **현지통화 기준으로 결제한다.** - 원화결제 시 현지통화 결제 보다 환전 수수료가 1회 더 부과된다. 대부분 현지통화기준으로 결제가 이루어지지만 홍콩을 비롯한 동남아시아 등지에선 관광객들에게 원화 기준으로 결제할 것을 권유하는 경우가 잦다.

- **출입국 정보 활용 서비스와 SMS 서비스는 기본으로 활용한다.** - SMS를 신청하여 해외에서도 신용카드 결제 내역을 휴대폰으로 바로 확인하고 출입국 정보 활용 서비스를 통해 신용카드의 부정사용을 사전에 막아준다.

- **신용카드사 신고 센터 전화번호를 반드시 메모 한다.** - 신용카드 분실, 도난당한 후에 즉시 카드사에 신고하고 귀국 즉시 서면으로 분실신고를 한다.

- **카드가 분실, 도난, 훼손당한 경우에는 긴급 대체카드 서비스를 이용한다.** - 신용카드를 사용할 계획으로 현금을 조금만 환전 했는데 신용카드를 분실 했다면 당황하지 말고 긴급 대체카드 서비스를 이용하면 2일 내 새 카드를 발급 받을 수 있다. 단, 임시 카드이므로 귀국 후 반납하고 정상 카드를 다시 발급 받는다.

- **카드유효기간과 결제일을 확인한다.** - 아무 생각 없이 카드를 챙겨갔다가 카드 유효기간이 만료되어 사용하지 못하는 상황이 일어나지 않도록 미리 확인한다.

- **국제 브랜드 로고를 확인한다.** - 해외에서 사용가능한 카드인지 미리 확인 해 둔다.

- **여권과 카드상의 영문 이름이 일치하는지 확인한다.** - 여권상의 영문이름과 신용카드 상의 영문이름이 다를 경우 카드 결

제를 거부하는 경우가 있으니 여권과 카드상의 영문이름이 일치하지 않을 경우 재발급 받는다.

※ 일본의 경우 백화점이나 쇼핑몰 외에 카드 사용이 안 되는 경우가 많다. 대도시의 쇼핑을 목적으로 하지 않는다면 어느 정도 현금을 가져가야한다. 또한 신용카드 사용에 제한이 있는 경우가 있는데 예를 들어 VISA는 되고 MASTER는 안된다는 식이다.

국제운전면허증

도로교통에 관한 국제협약에 의거하여 일시적으로 해외에서 운전할 수 있도록 발급되는 운전면허증으로 가까운 경찰서에서 신청하면 된다. 유효기간은 교부받은 날로부터 1년이며 국내운전면허의 효력이 없어지거나 취소된 때에는 그 효력도 없어지거나 취소된다.

국제학생증

ISIC는 유네스코 인증 세계 유일의 International Student Identity Card로 세계 공통 디자인의 국제학생증으로 현재 만 12세 이상의 학생에게 발급된다. 항공권, 숙박, 교통 보험 등 폭넓은 혜택이 있다.

유스호스텔 회원증

유스호스텔은 국제유스호스텔연맹에 가입된 숙박 업체로 국제적으로 통용될 뿐 아니라 박물관, 공원, 미술관, 철도 등에서 할인혜택을 누릴 수 있다. 저렴한 숙박비와 편리한 예약으로 알뜰한 배낭여행을 즐길 수 있다.

든든한 여행 준비물 짐 싸기

수하물로 보낼 것들

● 의류

가방에 옷을 넣을 때 돌돌 말아 압축팩에 담으면 구김이 덜 가고 부피도 준다. 도착 후 욕조에 뜨거운 물을 받아 걸어두면 어느 정도 구김이 펴진다. 입은 옷과 벗은 옷을 분리해서 담기 위해 여분의 압축팩을 준비하고 깨지기 쉬운 것은 옷 속에 넣어두면 완충효과가 있다.

● 헌 신발과 헌 속옷

낡아서 버릴 계획의 헌 신발과 헌 속옷은 여행이 끝날 때 모두 버리고 돌아온다. 짐도 가벼워지므로 그 자리를 쇼핑물품으로 채울 수 있어서 좋다. 여성의 경우 속옷을 쌀 때 브래지어 안에 팬티나 양말 등을 넣어 공 모양으로 만들어 가면 캡이 눌리지 않는다.

● 상비약

소화제, 감기약, 지사제, 일회용 반창고 등을 준비한다.

● 110v 전용플러그

일본은 110v를 사용하기 때문에 꼭 준비한다. 준비한 전자기기 수만큼 가져가는 것이 좋다.

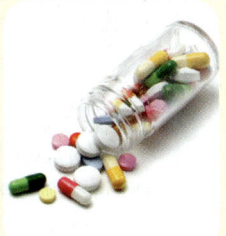

● 충전기
카메라, 노트북, 휴대폰 등

● 세면도구와 화장품
호텔에 치약과 칫솔 등이 구비되어 있지만 치약이 덜 개운하다고 느끼는 사람이 많다. 만약을 위해 챙겨간다. 빨리 마르는 스포츠 타월이나 여름에 타월 손수건을 준비하면 습하고 더운 날씨에 요긴하다. 화장품 구입 시 챙겨주는 샘플을 잘 모아 두었다가 가져가면 유용하고 자외선 차단제는 넉넉히 준비한다.

● 우산 또는 양산 - 일본은 생각보다 비가 자주 오는 편이므로 하나 정도는 챙긴다.
※ 쇼핑계획도 있다면 최대한 짐을 줄여 캐리어를 꽉 채우지 않는다.

● 용기 라면과 고추장 튜브
일본 라면이 입맛에 안 맞다면 라면은 내용물만 따로 모아 지퍼백에 담고 용기는 차곡차곡 포개 한꺼번에 포장하면 더 많은 공간을 확보할 수 있다. 일본 용기 라면은 우리나라보다 더 다양한데 얼큰한 맛의 김치맛 라면과 컵누들 씨푸드가 평
이 좋은 편이다. 고추장 튜브를 준비해가도 좋다.

● 모자와 슬리퍼(샌들)
자외선 차단 기능 외에도 보슬비 정도는 커버되므로 우산보다 편하다. 슬리퍼나 샌들은 숙소에서도 편하게 신을 수 있기 때문에 여름이 아니어도 챙겨간다.

휴대하는 가방에 넣을 것들

● 여권
여권과 분실을 대비한 여권사본, 사진 1매를 준비한다.

● 비행기 티켓
온라인으로 항공권을 구입했다면 E-티켓을 출력해 간다.

● 여행경비
환전한 현금과 카드, 동전지갑(동전 500엔은 한화 7,000원정도로 가치가 크고 종류가 많다)을 준비한다.

● 카메라, 노트북, 핸드폰
수화물 짐에 넣으면 파손될 수 있으니 기내에 가지고 탑승한다.

● 여행지도와 여행책자
동선을 미리 계획하고 지도를 준비하면 편리하다.

● 볼펜과 수첩
출입국 신고서 작성에도 필요하고 주요 전화번호 등은 미리 메모하여 간다.

면세점 이용하기

국내 면세점에서는 1인당 미화 $3,000까지 구매가능하고 한국으로 가지고 오는 경우 1인당 미화 $400까지 허용되는데 이를 초과하는 경우 세관 신고 후 세금을 납부해야 한다.
외국 친지에게 선물을 하거나 사용 또는 소비하는 것이 아니라면 1인당 $400로 보면 된다.

공항 면세점

국내 공항 면세점은 외국 공항 면세점보다 규모도 크고 품목도 다양할 뿐 아니라 국내 브랜드도 입점해 있다. 면세점은 출국 시에만 이용할 수 있고 도착 후에는 이용할 수 없으니 주의한다. 일본 면세점은 같은 제품이라도 엔화가 강세이기 때문에 더 비싼 경우가 많다.

시내 면세점

시내의 호텔과 백화점에 있는 면세점에서도 구매할 수 있는데 출국일 30일 전부터 구매가능하다. 본인의 여권을 가지고 출국일자와 비행기 편명을 숙지하고 방문하면 되고 구매한 물품은 출국일에 지정된 인도장에서 수령해야 한다. 시내 면세점은 시간을 가지고 여유롭게 쇼

핑할 수 있고 공항 면세점보다 물품이 다양하다.

인터넷 면세점

공항 면세점보다 저렴하면서 각종 할인과 적립금이 있는 것이 장점이다. 또한 출국일 60일 전부터 구매가 가능하므로 천천히 시간의 구애를 받지 않고 쇼핑할 수 있다. 물건을 직접 보지 못한다는 것과 물건이 다양하지 않다는 단점이 있다.

기내 면세점

기내 면세 판매 시간에 구입할 수 있고 귀국 시 기내에서도 구입할 수 있다. 시내 면세점이나 공항 면세점보다 저렴하지만 물량이나 종류가 한정되어 있어 찾는 물건이 없거나 품절되는 경우가 많지만 출국 시 귀국날짜, 귀국편명, 영문이름, 물품명을 적어 승무원에게 주면 귀국하는 기내에서 물건을 받을 수 있다.

나라별 초간단 기본회화

한국	안녕하세요	감사합니다
영어	헬로우	땡큐
일본	콘니치와	도-모 아리가토-
중국	니하오	쎄쎄
프랑스	살루 / 봉주르	메르씨
이탈리아	챠오	그라찌
독일	구튼탁	당케
스페인	올라	그라시아스
러시아	쁘라쓰찌쩨	블라가다류 바쓰
포르투칼어	오이	오브리가도 오브리가다
태국	(여) 사와 디카 (남) 사와 디크랍	(여) 콥 쿤카 (남) 콥 쿤 크럽
말레이시아	셀라맛 다탄	케리마 카시
베트남	신쟈오	감웅
터키	머하바 셀람	테섹키르 이데림
인도네시아	할로	마카시 야
아랍	마르하반	슈크란
몽골	새-응 배-노	탈라르훌라

죄송합니다	얼마에요?	안녕히 가세요
아임 쏘리	하우 머치 이즈 잇	굿바이
고멘 나사이	이쿠라데스까	사요-나라
뚜이부치	둬싸오	짜이젠
즈수이 데졸레	꼼비엥	오흐부와
미 디스피아체	콴또	아리베데르치
엔트슐디군지비테	비에 비엘	아우프 비더젠-
파르돈	꾸안또	아디오스
이즈비니쩨	스꼴리꺼 에떠 스또잇	즈드라-스뜨 부이쩨
데스쿨파	꾸안또	아데우스
코토드카	(여) 타오 라이 카 (남) 타오 라이 크럽	(여) 싸왓디 카 (남) 싸왓디 크랍
무나이 마 크로	베라파	슬라맛잘란
신 로이	바오 니에이오	땀 비엣
외주에 디레이림	네 카다르	귈레 귈레
마아프	베라파	슬라맛 잘란
아-씨프	비캄 하-다	마앗쌀라마
오-칠라-래	인 야마르 운태-웨	샌 소치배가래

히라가나

あ 아	い 이	う 우	え 에	お 오
か 카	き 키	く 쿠	け 케	こ 코
さ 사	し 시	す 스	せ 세	そ 소
た 타	ち 치	つ 츠	て 테	と 토
な 나	に 니	ぬ 누	ね 네	の 노
は 하	ひ 히	ふ 후	へ 헤	ほ 호
ま 마	み 미	む 무	め 메	も 모
や 야		ゆ 유		よ 요
ら 라	り 리	る 루	れ 레	ろ 로
わ 와		ん 응		を 오

카타카나

ア 아	イ 이	ウ 우	エ 에	オ 오
カ 카	キ 키	ク 쿠	ケ 케	コ 코
サ 사	シ 시	ス 스	セ 세	ソ 소
タ 타	チ 치	ツ 츠	テ 테	ト 토
ナ 나	ニ 니	ヌ 누	ネ 네	ノ 노
ハ 하	ヒ 히	フ 후	ヘ 헤	ホ 호
マ 마	ミ 미	ム 무	メ 메	モ 모
ヤ 야		ユ 유		ヨ 요
ラ 라	リ 리	ル 루	レ 레	ロ 로
ワ 와		ン 응		ヲ 오

알고 떠나는 온천 여행 Tip

쿠사츠 온천

도쿄에서 3~4시간 거리에 위치해 있으며 찬물을 섞으면 효험이 떨어진다고 해서 온천물을 식히기 위해 만든 '유바다케'가 유명하고 뜨거운 물을 식히는 작업인 '유모미'는 공연 관람과 체험을 동시에 할 수 있다. 유황성분이 함유되어  있으며 강한 산성의 온천수는 세균이나 잡균이 번식할 수 없어 높은 살균력으로 피부에 뛰어난 효능을 준다. 신경통, 근육통, 동맥 경화, 타박상, 당뇨병, 고혈압, 피로회복, 피부병 등에 도움이 된다.

주변여행

● 사이노가와라 공원 - 차량으로 30분 거리에 위치해 있으며 화산활동으로 인한 다양한 생태현상을 관찰할 수 있고 온천수가 계곡을 따라 흐르는 진기한 자연경관을 볼 수 있다.

● 온천자료관 - 쿠사츠 온천 지역의 역사와 효능 등이 전시되어 있으며 쿠사츠 온천을 이해하는데 도움이 된다. 쿠사츠 터미널 2층에 위치해 있다.

※ 특별한 볼거리보다 심신을 편안히 하고 온천을 즐기는데 적합하다.

노보리베츠 온천

삿포로역에서 1시간 거리에 위치해 있으며 '하얗고 짙은 색의 강'이라는 뜻이다. 다양한 성분의 온천이 솟는데 세계적으로도 희귀한 경우로 유황천, 명반천, 망초천, 석고천, 산성천 등 11가지 온천수가 있으며 피부미용에 효과가 높은 미인탕이 유명하다. 홋카이도에 많은 온천지가 있지만 그 중에서도 노보리베츠는 홋카이도를 대표하는 온천지로 다채로운 테마파크가 집중되어 있어 온천과 관광을 함께할 수 있는 것이 장점이다.

주변여행

● 지고쿠다니 - 타케야마라는 활화산의 분화구 흔적으로 자욱한 수증기와 화산가스, 유황냄새가 사람들이 상상하는 지옥의 모습과 흡사하다고 해서 지옥계곡이다.

● 마린파크닉스 - 중세 르네상스 양식의 성을 재현하여 북유럽의 로맨틱한 분위기로 꾸며져 있다. 초대형 수족관에 다양한 물고기 관람과 물개쇼, 돌고래쇼 등의 볼거리를 제공하며 특히 펭귄 퍼레이드가 인기가 많다.

● 아이누민속촌 - 홋카이도의 원주민이었던 아이누족의 문화를 보존하기 위해 만들어졌다. 의식주, 신앙, 생활모습을 담은 전시관과 전통악기, 노래, '곰의 영혼을 위로하는 의식' 등 공연을 통해 소박한 원주민의 문화를 체험할 수 있다.

유후인 온천

쿠사츠, 노보리베츠와 함께 고집스레 전통을 이어온 온천중의 하나로 큐슈 오-이타현에 위치한 산골마을이다. 온천의 용출량이 일본에서 두 번째로 많고 염화물과 유황을 비롯해 많은 광물질을 함유하고 있다. 이웃집 토토로의 배경지로 아기자기하면서 소박한 상점들과 개  성 만점 갤러리가 자리하고 있으며 유후인산을 바라보며 조용히 온천을 즐길 수 있는 것이 장점이다.

주변여행

● 기린코 호수 - 차가운 물과 뜨거운 물이 함께 솟아나는 호수는 작은 크기에 실망하지만 새벽에 물안개가 피어오르면 그 아름다움에 감탄하게 된다.

● 샤갈 미술관 - 정식 명칭은 마르크 샤갈 유후인 기린코 미술관으로 기린코 호수 옆에 위치하고 있으며 샤갈이 서커스를 주제로 그린 작품 40여 점을 감상할 수 있다.

토코 온센

토코 온천은 일본에서 가장 오래된 역사를 지닌 온천으로 황실전용 온천이 있다. 화려한 전통미가 흐르는 건축물은 '센과 치히로의 행방불명'에 모델이 될 만큼 동양적이면서 이국적이다. 실내는 소박하고 단조로운 편으로 수건 이용료가 있으니

준비해 간다. 토코온천역에서 출발하여 토코온천을 끼고 쇼핑거리가 이어져 있어 볼거리도 충분하다.

이부스키 온천

규슈를 대표하는 온천지로 스나무시(온천수에 자연적으로 데워진 모래찜질) 온천이 유명한 곳이다. 거의 모든 숙소에서 스나무시를 즐길 수 있지만 숙박객도 별도의 요금을 내야 한다. 모래찜질 후 몸 안의 노폐물이 몸 밖으로 빠져나와 한

결 개운해지는 느낌을 받게 되며 어깨 결림과 요통에 효능이 있는 것으로 알려져 있으며 혈액순환에도 도움이 된다.

벳푸 온천

벳푸역 주변에 위치하고 있으며 일본 정서가 물씬 풍기는 건축물들이 여행자를 반기고 있다. 120년의 전통을 자랑하는 다케가와라 온천과 탄산천과 유황천이 있는 에키노마에 코-츠- 온천이 유명하다.

세류 온천

후쿠오카 근교에 있으며 JR하카타역에서 세류가 운행하는 무료셔틀 버스가 있다. 소요시간은 1시간가량으로 한 시간에 한 대가 운행된다. 각기 다른 분위기의 노천탕과 밖을 내다보며 온천을 즐길 수 있는 실내 온천탕이 있다. 부대시설도 깨끗하고 좋은 편이며 다다미로 된 휴게실에선 '료칸'에 온 듯 편안하다.

알고 떠나는 박물관 여행 Tip

도쿄국립박물관

가장 오래된 박물관이면서 일본을 대표하는 박물관이다. 일본의 조몬시대에서부터 에도시대까지의 문화 자료가 전시된 본관과 아시아권의 조각, 공예, 유물 등을 전시한 돔형의 효케이칸, 매년 여러 차례의 특별전을 개최하는 현대적  외형의 헤이세이칸 이 있고 홈페이지에서 간단한 박물관소개, 입장료와 오시는 길 정도가 우리말로 제공된다.

쿄토국립박물관

1897년 서구화와 근대화의 풍조 속에서 사라져 가는 문화재를 보호하기 위하여 개관되었다는 쿄토국립박물관은 아이러니하게도 너무나 아름다운 서양식 건물이다. 특히 단풍이 물든 가을에 벽돌 담장과 정문에서 바라본 특별전시관은 어  떤 미사여구를 붙여도 부족할 만큼 아름답고 그 자체가 중요문화재이다. 고고학적 유물, 도자기, 조각, 회화 등 다양한 분야의 작품을 소장하고 있다.

자전거박물관

오-사카 사카이시에 위치하고 있는 박물관으로 1층에는 도서관과 도서실, 시마노가 세계 각지에서 수집한 250여대의 자전거가 전시되어 있고 2층에는 자전거의 발전과 역사를 알아볼 수 있는 곳으로 나무바퀴로 만  들어진 클래식한 자전거를 관람할 수 있다. 3층에는 아치형의 스틸 창문이 자전거 전시장과 아름답게 어우러져 있다. 오후 4시까지 입장해야 관람이 가능하고 토요일은 초, 중생 입장 무료이다.

이노치노타비 자연사박물관

후쿠오카 키타큐슈시에 위치하고 있으며 40억년 전 지구 탄생에서 현재까지 자연과 인간의 생명 진화를 자연관과 역사관으로 나누어 전시하고 있으며 공룡모형과 각종 동식물의 표본, 진화, 변천 등을 감상할 수 있다. 오후 4시 30분까지 입장해야 관람할 수 있으며 한국어 통역기를 무료로 대여 받을 수 있다.

코-베시립 박물관

산노미야역에서 도보15분 거리에 있다. 중후함이 느껴지는 석조건물로 1935년 세워진 은행 건물을 시에서 인수하여 박물관으로 개관하였다. 1층은 개항전후의 사진과 거리 모습 등을 재현한 모형 등이 전시되어 있고  2층은 고대의 유물 및 현대의 미술품이 전시되어 있다. 2층 일부와 3층은 특별전시실로 구성되어 있고 오전10시에서 오후5시까지 개관하며 월요일은 휴관이다.

알고 떠나는 일본축제 Tip

삿포로눈축제

훗카이도 삿포로에서 열리는 축제로 고교생이 6개의 눈조각을 만든 것이 시초가 되어 세계적으로도 유명한 축제로 성장했다. 매년 2월초에 1주일 정도 열리며 약 250~330개의 크고 작은 눈조각을 전시하며 다양한 행사도 진행된다. 또한 국제눈조각콩쿠르를 통해 외국 참가자들의 이국적 작품도 만날 수 있다. 예약은 필수이며 오-도-리 행사장의 경우 밤10시까지 라이트업된다.

후지 시바자쿠라 축제

줄기와 잎은 잔디를 닮고 꽃은 벚꽃을 닮아서 잔디벚꽃이라는 뜻의 시바자쿠라는 빨강, 하얀, 분홍, 보라색의 작은 꽃이다. 다른 공원에서도 피지만 후지 시바자쿠라는 핑크빛 융단처럼 광대하게 펼쳐진 대지에 파란 하늘과 아직 눈이 남아있는 후지산과 선명하게 대조를 이루며 봄부터 초여름까지 이곳을 물들인다. 축제기간은 4월말에서 5월말 경이다.

나가사키 범선축제

범선(돛단배)이 정박하고 있는 나가사키 항의 매력을 알리기 위해 범선축제를 개최하고 있다. 범선축제는 요트처럼 스피드 경쟁이 아닌 바다체험을 통한 협력과 친선을 다지는 장으로 범선입항퍼레이드와 공연, 체험크루즈 등이 열리고 밤에  는 불꽃놀이와 범선 야간 점등이 밤하늘을 수놓는다. 축제는 4월 말경에 열린다.

아오모리네부타 축제

아오모리현 아오모리시에서 8월 2일부터 7일까지 열리는 축제로 대나무와 철사로 뼈대를 만들고 그 위에 색색의 한지를 붙여 아주 큰 네부타라는 무사인형 등불을 만들어 시내를 행진한다. 가을 수확 전에 일의 방해가 되는 졸음을 쫓고  자 시작된 축제로 단체나 마을마다 다양한 디자인의 네부타를 만들어 자동차가 아닌 사람들이 직접 수레를 끌고 행진한다.

쿄토 기온마츠리

일본 중요 무형민속문화재이며 매년 7월 1일부터 31일까지 한 달간 야사카 신사에서 여러 가지 행사가 열린다. 17일은 축제의 절정으로 수레의 행진이 시작되는데 일본은 물론 세계 각국에서 많은 사람들이 모여든다.

基本会話
기본회화

일상적인 인사 표현

안녕하세요?(아침)
おはようございます.
오하요- 고자이마스?

안녕하세요?(낮)
こんにちは.
콘니치와?

안녕하세요?(저녁)
こんばんは.
콤방와?

잘 지내셨습니까?
お元気(げんき)ですか.
오겡키데스까?

잘 지냈습니다. 당신은요?
元気(げんき)です. あなたは.
겡키데스. 아나타와?

오랫만에 만났을 때 인사 표현

오랜만이군요.
お久(ひさ)しぶりですね.
오히사시부리데스네

그동안 어땠습니까?
その後(ご)どうでしたか.
소노고 도-데시타까?

가족 분들은 잘 지내십니까?
ご家族(かぞく)の皆(みな)さんはお元気(げんき)ですか.
고카조쿠노 미나상와 오겡키데스까?

덕분에 잘 지냅니다.
おかげさまで元気(げんき)です.
오카게사마데 겡키데스

다시 만나서 반갑습니다.
またお目(め)にかかれてうれしいです.
마타 오메니 카카레테 우레시-데스

헤어질때 표현

안녕히 계십시오(가십시오).

さようなら.
사요-나라

안녕히 가세요.

ごきげんよう.
고키겡요-

내일 또 만납시다.

また、明日(あした)会(あ)いましょう.
마타, 아시타 아이마쇼-

그럼, 근간 또 뵙겠습니다.

では、近(ちか)いうちにまたうかがいます.
데와, 치카이 우치니 마타 우카가이마스

이제 가야겠습니다.

もうおいとまいたします.
모- 오이토마이타시마스

처음 만났을때 표현

처음 뵙겠습니다.
はじめまして.
하지메마시테

잘 부탁드립니다.
どうぞよろしくお願(ねが)いします.
도-조 요로시쿠 오네가이 시마스

뵙게 되어 반갑습니다.
お目(め)にかかれてうれしいです.
오메니카카레테 우레시-데스

만나서 영광입니다.
お会(あ)いできて光栄(こうえい)です.
오아이데키테 코-에-데스

저 역시 만나서 반갑습니다.
こちらこそ、お会(あ)いできてうれしいです.
코치라코소, 오아이데키테 우레시-데스

질문할때 표현

이건 무엇에 쓰는 것입니까?

これは何(なに)に使(つか)うのですか.
코레와 나니니 츠카우노데스까?

저 빌딩은 무엇입니까?

あのビルは何(なん)ですか.
아노 비루와 난데스까?

이름이 뭡니까?

お名前(なまえ)は何(なん)ですか.
오나마에와 난데스까?

그건 뭡니까?

それは何(なん)ですか.
소레와 난데스까?

무얼 찾고 있습니까?

何(なに)をお探(さが)しですか.
나니오 오사가시데스까?

무슨 일을 하십니까?
お仕事(しごと)は何(なん)ですか.
오시고토와 난데스까?

전화번호는 몇 번입니까?
電話番号(でんわばんごう)は何番(なんばん)ですか.
뎅와방고-와 남반데스까?

이것이 무엇인지 아십니까?
これは何(なに)かご存(ぞん)じですか.
코레와 나니카 고존지데스까?

지금 무엇을 하고 있습니까?
今(いま)、何(なに)をしていますか.
이마, 나니오 시테 이마스까?

잠깐 여쭤도 될까요?
ちょっと伺(うかが)ってもいいですか.
춋토 우카갓테모 이-데스까?

어느 것으로 하시겠어요?
どれにしますか.
도레니 시마스까?

장소 질문의 표현

여기는 어디입니까?
ここはどこですか.
코코와 도코데스까?

어디에서 오셨습니까?
どこからいらっしゃいましたか.
도코카라 이랏샤이마시타까?

면세점은 어디에 있습니까?
免税店(めんぜいてん)はどこですか.
멘제-텡와 도코데스까?

입구는 어디입니까?
入口(いりぐち)はどこですか.
이리구치와 도코데스까?

그건 어디서 살 수 있습니까?
それはどこで買(か)えますか.
소레와 도코데 카에마스까?

버스정류소는 어디입니까?

バス停(てい)はどこですか.

바스테-와 도코데스까?

저는 이 지도의 어디에 있습니까?

私(わたし)はこの地図(ちず)のどこにいるのですか.

와타시와 코노 치즈노 도코니 이루노데스까?

어디에서 얻을 수 있습니까?

どこで受(う)け取(と)れますか.

도코데 우케토레마스까?

어디 출신입니까?

出身(しゅっしん)はどちらですか.

슛싱와 도치라데스까?

미안합니다. 화장실은 어디에 있나요?

すみません.トイレはどこですか.

스미마셍. 토이레와 도코데스까?

어디에 사십니까?

どちらにお住(す)まいですか.

도치라니 오스마이데스까?

정도를 물어볼때 표현

입장료는 얼마입니까?

入場料(にゅうじょうりょう)はいくらですか.

뉴-죠-료-와 이쿠라데스까?

공항까지 얼마입니까?

空港(くうこう)までいくらですか.

쿠-코-마데 이쿠라데스까?

이 넥타이는 얼마입니까?

このネクタイはいくらですか.

코노 네쿠타이와 이쿠라데스까?

얼마입니까?

いくらですか.

이쿠라 데스까?

자리는 몇 개 비어 있습니까?

席(せき)はいくつ空(あ)いていますか.

세키와 이쿠츠 아이테 이마스까?

박물관까지 얼마나 됩니까? (거리)

博物館(はくぶっかん)までどのくらいありますか.

하쿠부츠캄마데 도노쿠라이 아리마스까?

역까지 얼마나 걸립니까?

駅(えき)までどのくらいかかりますか.

에키마데 도노쿠라이 카카리마스까?

몇 살입니까?

おいくつですか.

오이쿠츠데스까?

몇 분이십니까?

何名様(なんめいさま)ですか.

남메-사마데스까?

어느 정도 기다려야 합니까?

どれくらい待(ま)たなければなりませんか.

도레쿠라이 마타나케레바 나리마셍까?

유무를 물어볼때 표현

2인석은 있습니까?
二人分(ふたりぶん)の席(せき)はありますか.
후타리분노 세키와 아리마스까?

오늘 밤, 빈방은 있습니까?
今晩(こんばん)、部屋(へや)はありますか.
콤방, 헤야와 아리마스까?

좀더 큰 것은 있습니까?
もっと大(おお)きいのはありますか.
못토 오-키-노와 아리마스까?

흰색 셔츠는 있습니까?
白(しろ)いシャツはありますか.
시로이 샤츠와 아리마스까?

관광지도는 있습니까?
観光地図(かんこうちず)はありますか.
캉코-치즈와 아리마스까?

야간관광은 있나요?

ナイトツアーはありますか.

나이토츠아-와 아리마스까?

공중전화는 있나요?

公衆電話(こうしゅうでんわ)はありますか.

코-슈- 뎅와와 아리마스까?

단체할인은 있습니까?

団体割引(だんたいわりびき)はありますか.

단타이와리비키와 아리마스까?

네, 여기 있습니다.

はい. ここにございます.

하이 코코니 고자이마스

이것과 같은 것은 있나요?

これと同(おな)じ物(もの)はありますか.

코레토 오나지 모노와 아리마스까?

골프에 흥미가 있습니까?

ゴルフに興味(きょうみ)がありますか.

고루후니 쿄-미가 아리마스까?

되물음의 표현

뭐라고 하셨습니까?
何(なん)とおっしゃいましたか.
난토 옷샤이마시타카?

다시 한번 말씀해 주시겠습니까?
もう一度(いちど)おっしゃってくださいませんか.
모- 이치도 옷샤테 쿠다사이마셍까?

좀더 천천히 말씀해 주십시오.
もっとゆっくり言(い)ってください.
못토 육쿠리 잇테 쿠다사이

뭐라고요?
何(なん)ですって.
난데슷테?

그건 무슨 뜻입니까?
それはどういう意(い)味(み)ですか.
소레와 도-이우 이미데스까?

이건 어떻게 발음합니까?

これはどう発音(はつおん)しますか.

코레와 도- 하츠온시마스까?

제가 말하는 것을 알겠습니까?

私(わたし)の言(い)っていることがわかりますか.

와타시노 잇테이루 코토가 와카리마스까?

써 주십시오.

書(か)いてください.

카이테 쿠다사이

간단히 설명해 주세요.

簡単(かんたん)に説明(せつめい)してください.

칸탄니 세츠메-시테 쿠다사이

이건 일본어로 뭐라고 합니까?

これは日本語(にほんご)で何(なん)と言(い)いますか.

코레와 니홍고데 난토 이-마스까?

더 확실히 말해 주겠어요?

もっとはっきり話(はな)してくれますか.

못토 학키리 하나시테 쿠레마스까?

47

응답의 표현

예. / 아니오.
はい。 / いいえ。
하이. / 이-에

예, 그렇습니다.
はい、そうです。
하이, 소-데스

아니오, 그렇지 않습니다.
いいえ、そうではありません。
이-에, 소-데와 아리마셍

예, 고마워요.
はい、ありがとう。
하이, 아리가토-

아니오, 괜찮습니다.
いいえ、結構(けっこう)です。
이-에, 켁코-데스

맞습니다.
そのとおりです.
소노 토-리데스

알겠습니다.
わかりました.
와카리마시타

모르겠습니다.
わかりません.
와카리마셍

틀림없습니다.
間違(まちが)いありません.
마치가이 아리마셍

아뇨, 다릅니다.
いいえ、違(ちが)います.
이-에, 치가이마스

네, 정말입니다.
はい、本当(ほんとう)です.
하이, 혼토-데스

고마움의 표현

고마워요.
ありがとう.
아리가토-

대단히 감사합니다.
どうもありがとうございました.
도-모 아리가토- 고자이마시타

감사드립니다.
感謝(かんしゃ)いたします.
칸샤 이타시마스

친절에 감사드립니다.
ご親切(しんせつ)にどうも.
고신세츠니 도-모

여러모로 감사드립니다.
いろいろとありがとうございました.
이로이로토 아리가토 고자이마시타

도와 주셔서 감사드립니다.

助(たす)けてくれてありがとうございました.

타스케테 쿠레테 아리가토- 고자이마시타

진심으로 감사드립니다.

心(こころ)から感謝(かんしゃ)いたします.

코코로카라 칸샤 이타시마스

신세가 많았습니다.

お世話(せわ)になりました.

오세와니 나리마시타

천만에요.

どういたしまして.

도-이타시마시테

네, 고마워요.

はい、どうも.

하이, 도-모

호의에 감사드려요.

ご好意(こうい)ありがとう.

고코- 이아리가토-

사죄의 표현

미안합니다.
すみません.
스미마셍

정말로 죄송합니다.
本当(ほんとう)にすみませんでした.
혼토-니 스미마센데시타

늦어서 미안합니다.
遅(おそ)くなってすみません.
오소쿠 낫테 스미마셍

실례했습니다.
失礼(しつれい)しました.
시츠레-시마시타

제가 잘못했습니다.
私(わたし)が悪(わる)かったのです.
와타시가 와루캇타노데스

제 잘못이 아닙니다.
私(わたし)のせいではありません.
와타시노 세-데와 아리마셍

용서하십시오.
許(ゆる)してください.
유루시테 쿠다사이

폐를 끼쳐드렸습니다.
ご迷惑(めいわく)をおかけしました.
고메-와쿠오 오카케시마시타

걱정하지 마십시오.
ご心配(しんぱい)なく.
고심파이나쿠

신경 쓰지 마십시오.
気(き)にしないでください.
키니 시나이데 쿠다사이

그럴 생각이 아니었습니다.
そんなつもりじゃなかったんです.
손나 츠모리자 나캇탄데스

의뢰의 표현

계산을 부탁합니다.
会計(かいけい)お願(ねが)いします.
카이케- 오네가이시마스

도와주시겠습니까?
助(たす)けていただけますか.
타스케테 이타다케마스까?

부탁이 있는데요.
お願(ねが)いがあるんですが.
오네가이가 아룬데스가

이거 하나 주세요.
これ、一(ひと)つください.
코레 히토츠 쿠다사이

잠깐 괜찮겠어요?
ちょっといいですか.
촛토 이-데스까?

지금 어디에 있는지 가르쳐 주세요.

今(いま)どこにいるか教(おし)えてください.

이마 도코니 이루카 오시에테 쿠다사이

맥주를 주세요.

ビールをくれますか.

비-루오 쿠레마스까

이걸로 주세요.

これをください.

코레오 쿠다사이

주문 부탁합니다.

オーダーお願(ねが)いします.

오-다- 오네가이시마스

다시 한 번 부탁합니다.

もう一度(いちど)お願(ねが)いします.

모- 이치도 오네가이시마스

전화를 써도 될까요?

電話(でんわ)を使(つか)ってもいいでしょうか.

뎅와오 츠캇테모 이-데쇼-까?

허락의 표현

여기에 앉아도 됩니까?

ここに座(すわ)ってもいいですか.

코코니 스왓테모 이-데스까?

안으로 들어가도 되겠습니까?

中(なか)に入(はい)ってもいいですか.

나카니 하잇테모 이-데스까?

여기서 담배를 피워도 됩니까?

ここでタバコを吸(す)ってもいいですか.

코코데 타바코오 슷테모 이-데스까?

창문을 열어도 되겠습니까?

窓(まど)を開(あ)けてもいいですか.

마도오 아케테모 이-데스까?

잠깐 여쭤도 될까요?

ちょっとうかがってもいいですか.

춋토 우카갓테모 이-데스까?

방을 봐도 되겠습니까?

部屋(へや)を見(み)てもいいですか.

헤야오 미테모 이-데스까?

이것을 가져가도 됩니까?

これを持(も)って行(い)ってもいいですか.

코레오 못테잇테모 이-데스까?

카드로 지불해도 됩니까?

カードでもいいですか.

카-도데모 이-데스까?

담배를 피워도 괜찮겠습니까?

タバコを吸(す)ってもかまいませんか.

타바코오 슷테모 카마이마셍까?

네, 피워도 괜찮습니다.

はい、吸(す)ってもかまいません.

하이, 슷테모 카마이마셍

물론입니다.

もちろんです.

모치롱테스

권유에 관한 표현

도와줄까요?
手伝(てつだ)いましょうか.
테츠다이마쇼-까?

오늘밤 식사하러 가지 않겠어요?
今夜(こんや)食事(しょくじ)に行(い)きませんか.
콩야쇼쿠지니 이키마셍까?

이건 어떻습니까?
これはいかがですか.
코레와 이카가데스까?

기꺼이
喜(よろこ)んで.
요로콘데

무엇이든 좋습니다.
何(なん)でもいいです.
난데모 이-데스

긴급상황에 관한 표현

긴급사태입니다.
緊急事態(きんきゅうじたい)なんです.
킹큐-지타이난데스

도와줘요(살려줘요)!
助(たす)けて!
타스케테!

도둑이야, 서!
どろぼう、止(と)まれ!
도로보-, 토마레!

저 사람, 잡아요!
あの人(ひと)を捕(つか)まえて!
아노 히토오 츠카마에테!

경찰을 불러요!
警察(けいさつ)を呼(よ)んで!
케-사츠오 욘데!

PART 01
出入国
출입국

단어를 바꿔가면서 말해요~

❶ 콜라는 있습니까?
コーラ はありますか.
코-라와 아리마스까?

콜라 대신 쓸수 있는 단어
• ビール 맥주　• オレンジジュース 오렌지 주스 • ワイン 와인　• ウィスキー 위스키

❷ 베개를 주세요.
枕(まくら)をください.
마쿠라오 쿠다사이

베개 대신 쓸수 있는 단어
• 新聞(しんぶん) 신문　• ヘッドホーン 헤드폰 • ボールペン 볼펜　• 雑誌(ざっし) 잡지 • 薬(くすり) 약

❸ 쇠고기로 주세요.
牛肉(ぎゅうにく)ください.
규-니쿠 쿠다사이

쇠고기 대신 쓸수 있는 단어
• 鶏肉(とりにく) 닭고기　• 豚肉(ぶたにく) 돼지고기 • 御飯(ごはん) 밥　• キムチ 김치 • 唐辛子味噌(とうがらしみそ) 고추장

❹ 이 공항에 안내소가 어디에 있습니까?

この空港(くうこう)に案内所(あんないしょ)はどこにありますか.

코노 쿠-코-니 안나이쇼와 도코니아리마스까?

안내소 대신 쓸수 있는 단어

- 待合室(まちあいしつ) 대합실
- 検疫所(けんえきしょ) 검역소
- 免税店(めんぜいてん) 면세점
- 出入国管理所(しゅつにゅうこくかんりしょ) 출입구관리소

❺ 1달러짜리로 주세요.

1ドルでください.

이치도루데 쿠다사이

1달러 대신 쓸수 있는 단어

- 100円玉(ひゃくえんだま) 100엔짜리 동전
- 500円玉(ごひゃくえんだま) 500엔짜리 동전
- 千円札(せんえんさつ) 1000엔짜리 지폐
- 5千円札(ごせんえんさつ) 5000엔짜리 지폐

❻ 지하철역까지 어떻게 가면 됩니까?

地下鉄(ちかてつ)の駅(えき)までどう行(い)けばいいですか.

치카테츠노 에키마데 도-이케바이-데스까?

지하철역 대신 쓸수 있는 단어

- バス停留場(ていりゅうじょう) 버스 정류장
- 空港(くうこう) 공항
- 汽車駅(きしゃえき) 기차역

unit 1
설레는 기내에서

안녕하세요? (아침)

おはようございます.
오하요- 고자이마스

탑승권 좀 보여주시겠습니까?

搭乗券(とうじょうけん)をちょっと見(み)せてくださいませんか.
토-죠-켕오 춋토 미세테 쿠다사이마셍까?

여기 있습니다.

はい、これです.
하이, 코레데스

(탑승권을 보이며)13B 좌석은 어디입니까?

13Bの席(せき)はどこですか.
쥬-삼비노 세키와 도코데스까?

저기 창가쪽 좌석입니다.

あそこの窓側(まどがわ)の席(せき)です.

아소코노 마도가와노 세키데스

(옆 사람에게) 자리를 바꿔 주시겠습니까?

席(せき)を替(か)わっていただけますか.

세키오 카왓테 이타다케마스까?

여기는 제 자리인데요.

ここは私(わたし)の席(せき)ですが.

코코와 와타시노 세키데스가

붙어있는 빈 좌석 없을까요?

隣合(となりあわ)せの席(せき)はありませんか.

토나리아와세노 세키와 아리마셍까?

제 친구와 좌석이 떨어져 있어서요.

友達(ともだち)と席(せき)が離(はな)れているので…

토모다치토 세키가 하나레테이루노데…

저기 빈자리로 옮겨도 되겠습니까?

向(む)こうの空(あ)いている席(せき)に移動(いどう)してもいいですか.

무코-노 아이테이루 세키니 이도-시테모 이-데스까?

잠깐 지나가겠습니다.

ちょっと通(とお)してください.

촛토 토-시테 쿠다사이

음료는 뭘로 드시겠습니까?

お飲(の)み物(もの)は何(なに)になさいますか.

오노미모노와 나니니 나사이마스까?

어떤 음료가 있습니까?

どんな飲(の)み物(もの)がありますか.

돈나 노미모노가 아리마스까?

콜라는 있습니까?

コーラはありますか.

코-라와 아리마스까?

맥주 주세요.

ビールください.

비-루 쿠다사이

베개와 모포를 주세요.

枕(まくら)と毛布(もうふ)ください.

마쿠라토 모-후 쿠다사이

한국어 신문은 있습니까?

韓国語(かんこくご)の新聞(しんぶん)はありますか.

캉코쿠고노 심붕와 아리마스까?

식사는 언제입니까?

食事(しょくじ)はいつですか.

쇼쿠지와 이츠 데스까?

닭고기로 하시겠습니까, 쇠고기로 하시겠습니까?

鶏肉(とりにく)になさいますか、
牛肉(ぎゅうにく)になさいますか.

토리니쿠니 나사이마스까, 규-니쿠니 나사이마스까?

출입국 | 호텔 | 레스토랑 | 교통 | 관광 | 쇼핑 | 통신 | 트러블 | 귀국

쇠고기로 주세요.

牛肉(ぎゅうにく)をください.

규-니쿠오 쿠다사이

식사는 필요 없습니다.

食事(しょくじ)は要(い)りません.

쇼쿠지와 이리마셍

식사는 다 하셨습니까?

食事(しょくじ)はお済(す)みですか.

쇼쿠지와 오스미데스까?

잘 먹었습니다.

ごちそうさま.

고치소-사마

면세품을 판매하고 있나요?

免税品(めんぜいひん)を販売(はんばい)していますか.

멘제-힝오 함바이 시테 이마스까?

(면세품 사진을 가리키며) 이거 있나요?

これありますか.

코레 아리마스까?

가장 인기가 있는 제품은 어느 것입니까?

一番(いちばん)人気(にんき)のある
製品(せいひん)はどれですか.

이치방닝키노 아루 세-힝와 도레데스까?

한국 돈으로도 되나요?

韓国(かんこく)のお金(かね)でいいですか.

캉코쿠노 오카네데 이-데스까?

좀 몸이 불편합니다. 약을 주세요.

少(すこ)し気分(きぶん)が悪(わる)いです.
薬(くすり)ください.

스코시 기붕가 와루이데스. 쿠수리 쿠다사이

멀미약은 있습니까?

酔(よ)い止(ど)めはありますか.

요이도메와 아리마스까?

비닐봉투를 주세요.

ビニール袋(ぶくろ)ください.

비니-루 부쿠로 쿠다사이

소화제를 주시겠어요?

消化剤(しょうかざい)くださいませんか.

쇼-카자이 쿠다사이 마셍까?

두통약은 없습니까?

頭痛薬(ずつうやく)はありませんか.

즈츠-야쿠와 아리마셍까?

추운(더운)데요.

寒(さむ)い(暑(あつ)い)のですが.

사무이(아츠이)노데스가

아까 부탁한 물은 아직인가요?

さっき頼(たの)んだ水(みず)がまだですが.

삭키 타논다 미즈가 마다데스가

헤드폰 상태가 안 좋습니다.

ヘッドホーンの調子(ちょうし)が悪(わる)いです.

헷도호-ㄴ노 쵸-시가 와루이데스

배로 여행할 때

(승선권을 보이며) 제 선실은 어딘가요?

私(わたし)の船室(せんしつ)はどこですか.

와타시노 센시츠와 도코데스까?

시모노세키에는 언제 도착합니까?

下関(しものせき)にはいつ着(つ)きますか.

시모노세키니와 이츠 츠키마스까?

어느 것이 제 침구입니까?

どれが私(わたし)の寝具(しんぐ)ですか.

도레가 와타시노 싱구데스까?

매점은 어디에 있습니까?

売店(ばいてん)はどこにありますか.
바이텡와 도코니 아리마스까?

식당은 있습니까?

食堂(しょくどう)はありますか.
쇼쿠도-와 아리마스까?

파도는 거칩니까?

波(なみ)は荒(あら)いですか.
나미와 아라이데스까?

날씨는 좋습니까?

天候(てんこう)はいいですか.
텡코-와 이-데스까?

배멀미를 하는 것 같은데요.

船酔(ふなよ)いにかかったようです.
후나요이니 카캇타요-데스

(배멀미로) 토할 것 같습니다.

吐(は)きそうです.
하키소-데스

unit 2
침착한 입국심사

출입국 | 호텔 | 레스토랑 | 교통 | 관광 | 쇼핑 | 통신 | 트러블 | 귀국

이것은 입국카드입니까?

これは入国(にゅうこく)カードですか.

코레와 뉴-코쿠 카-도데스까?

이 서류 작성법을 가르쳐 주세요.

この書類(しょるい)の書(か)き方(かた)を教(おし)えてください.

코노 쇼루이노 카키카타오 오시에테 쿠다사이

여권을 보여 주십시오.

パスポートを見(み)せてください.

파스포-토오 미세테 쿠다사이

입국 목적은 무엇입니까?

入国(にゅうこく)の目的(もくてき)は何(なん)ですか.

뉴코쿠노 모쿠테키와 난데스까?

관광입니다.

観光(かんこう)です.

캉코-데스

사업입니다.

ビジネスです.

비지네스데스

유학입니다.

留学(りゅうがく)です.

류-가쿠데스

얼마나 체재하십니까?

何日間(なんにちかん)の滞在(たいざい)ですか.

난니치캉노 타이자이데스까?

1주일 체재합니다.

一週間(いっしゅうかん)の滞在(たいざい)です.

잇슈-캉노 타이자이 데스

어디에 머무십니까?

どこに滞在(たいざい)しますか.

도코니 타이자이시마스까?

호텔에 머뭅니다.

ホテルに泊(と)まります.

호테루니 토마리마스

(메모를 보이며) 숙박처는 이 호텔입니다

宿泊先(しゅくはくさき)はこのホテルです.

슈쿠하쿠사키와 코노 호테루데스

(호텔은) 아직 정하지 않았습니다.

まだ決(き)めていません.

마다 키메테 이마셍

일본은 처음입니까?

日本(にほん)は初(はじ)めてですか.

니홍와 하지메테데스까?

네, 처음입니다.

はい、初(はじ)めてです.

하이, 하지메테데스

아니오, 이번이 두 번째입니다.

いいえ、今度(こんど)で二度目(にどめ)です.

이-에, 콘도데 니도메데스

됐습니다.

結構(けっこう)です.

켁코-데스

unit 3
수화물・환전 세관검사

짐은 어디서 찾습니까?

手荷物(てにもつ)はどこで受(う)け取(と)りますか.

테니모츠와 도코데 우케토리마스까?

이건 714편 턴테이블입니까?

これは714便(びん)のターンテーブルですか.

코레와 나나햐쿠쥬-욤빈노 타-ㄴ테-부르데스까?

714편 짐은 나왔습니까?

714便(びん)の荷物(にもつ)はもう出(で)てきましたか.

나나햐쿠 쥬-욤빈노 니모츠와 모- 데테 키마시타까?

출입국 | 호텔 | 레스토랑 | 교통 | 관광 | 쇼핑 | 통신 | 트러블 | 귀국

제 짐이 보이지 않습니다.

私(わたし)の手荷物(てにもつ)が見(み)つかりません.

와타시노 테니모츠가 미츠카리마셍

이게 수화물인환증입니다.

これが手荷物引換証(てにもつひきかえしょう)です.

코레가 테니모츠 히키카에쇼-데스

세관신고서는 가지고 계십니까?

税関申告書(ぜいかんしんこくしょ)をお持(も)ちですか.

제-칸싱코쿠쇼오 오모치데스까?

신고할 것은 있습니까?

申告(しんこく)するものはありますか.

싱코쿠스루 모노와 아리마스까?

일용품뿐입니다.

日用品(にちようひん)だけです.

니치요-힝 다케데스

이 가방을 열어 주십시오.

このバッグを開(あ)けてください.

코노 박구오 아케테 쿠다사이

내용물은 무엇입니까?

中身(なかみ)は何(なん)ですか.

나카미와 난데스까?

이건 뭡니까?

これは何(なん)ですか.

코레와 난데스까?

친구에게 줄 선물입니다.

友達(ともだち)へのお土産(みやげ)です.

토모다치에노 오미야게데스

다른 짐은 있나요?

他(ほか)に荷物(にもつ)はありますか.

호카니 니모츠와 아리마스까?

이건 과세 대상이 됩니다.

これは課税対象(かぜいたいしょう)となります.

코레와 카제-타이쇼-토 나리마스

과세액은 얼마입니까?

課税額(かぜいがく)はいくらですか.
카제-가쿠와 이쿠라데스까?

이걸 환전해 주시겠어요?

これを両替(りょうがえ)してください.
코레오 료-가에시테 쿠다사이

잔돈도 섞어 주세요.

小銭(こぜに)も混(ま)ぜてください.
코제니모 마제테 쿠다사이

계산이 틀린 것 같은데요.

計算(けいさん)が違(ちが)っているようですが.
케-상가 치갓테이루 요-데스가

수수료는 얼마입니까?

手数料(てすうりょう)はいくらですか.
테스-료-와 이쿠라데스까?

unit 4
공항에서 호텔까지

관광안내소는 어디에 있습니까?

観光(かんこう)案内所(あんないじょ)はどこですか.

캉코-안나이죠와 도코데스까?

시가지도와 관광 팸플릿을 주세요.

市街地図(しがいちず)と観光(かんこう)パンフレットをください.

시가이치즈토 캉코- 팡후렛토오 쿠다사이

시내로 가는 가장 빠른 교통수단은 무엇입니까?

市内(しない)へ行(い)く一番(いちばん)速(はや)い交通手段(こうつうしゅだん)は何(なん)ですか.

시나이에 이쿠 이치방 하야이 코-츠-슈당와 난데스까?

택시 승강장은 어디입니까?

タクシー乗(の)り場(ば)はどこですか.

타쿠시-노리바와 도코데스까?

시내로 가는 버스는 있습니까?

市内(しない)へ行(い)くバスはありますか.

시나이에 이쿠 바스와 아리마스까?

매표소는 어디에 있습니까?

切符売場(きっぷうりば)はどこですか.

킵푸우리바와 도코데스까?

호텔 리스트는 있습니까?

ホテルリストはありますか.

호테루리스토와 아리마스까?

여기서 렌터카를 예약할 수 있습니까?

ここでレンタカーの予約(よやく)ができますか.

코코데 렌타카-노 요야쿠가 데키마스까?

여기서 호텔을 예약할 수 있습니까?

ここでホテルの予約(よやく)ができますか.

코코데 호테루노 요야쿠가 데키마스까?

시내 호텔을 예약해 주세요.

市内(しない)のホテルを予約(よやく)してください.

시나이노 호테루오 요야쿠시테 쿠다사이

번화가에 가까운 호텔을 부탁합니다.

繁華街(はんかがい)に近(ちか)いホテルをお願(ねが)いします.

항카가이니 치카이 호테루오 오네가이시마스

역에서 가까운 호텔을 부탁합니다.

駅(えき)から近(ちか)いホテルをお願(ねが)いします.

에키카라 치카이 호테루오 오네가이시마스

그 호텔은 어디에 있습니까?

そのホテルはどこですか.

소노 호테루와 도코데스까?

출입국 / 호텔 / 레스토랑 / 교통 / 관광 / 쇼핑 / 통신 / 트러블 / 귀국

다른 호텔을 소개해 주십시오.

他(ほか)のホテルを紹介(しょうかい)してください.

호카노 호테루오 쇼-카이시테 쿠다사이

공항까지 데리러 옵니까?

空港(くうこう)まで迎(むか)えに来(き)てくれますか.

쿠-코-마데 무카에니 키테 쿠레마스까?

포터를 불러 주세요.

ポーターを呼(よ)んでください.

포-타-오 욘데 쿠다사이

이 짐을 택시승강장까지 옮겨 주세요.

この荷物(にもつ)をタクシー乗(の)り場(ば)まで運(はこ)んでください.

코노 니모츠오 타쿠시- 노리바마데 하콘데 쿠다사이

카트는 어디에 있습니까?

カートはどこにありますか.

카-토와 도코니 아리마스까?

어디까지 가십니까?

どちらまで.

도치라마데?

올림픽호텔로 가 주세요.

オリンピック・ホテルへ行(い)ってください.

오림픽쿠 호테루에 잇테 쿠다사이

(주소를 보이며) 이리 가 주세요.

ここへ行(い)ってください.

코코에 잇테 쿠다사이

시간은 어느 정도 걸립니까?

時間(じかん)はどのくらいかかりますか.

지캉와 도노쿠라이 카카리마스까?

도착하면 알려 주세요.

着(つ)いたら教(おし)えてください.

츠이타라 오시에테 쿠다사이

출입국 | 호텔 | 레스토랑 | 교통 | 관광 | 쇼핑 | 통신 | 트러블 | 귀국

출국시 꼭 알아두어야 할 에티켓

출국하기 전
● 여권을 자신이 직접 갖고 있는 경우는 필히 출발 일주일 전에는 항공사나 여행사에 예약 재확인을 하고, 여행을 하고자 하는 나라의 날씨, 주의사항, 문화 등 간단한 정보를 익힌다.

● 환전은 시내 은행이나 공항에서도 가능하며, 환전할 때는 여권이 꼭 필요하다.

출국하는 날
● 보통 국제선은 출발시간 2시간 전, 국내선은 1시간 전부터 출국수속을 시작한다. 주말에는 항상 공항이 붐비므로 수속이 더뎌지게 마련이므로 미리 서둘러 공항에 가는 게 좋다.

● 비행기 좌석배정은 보딩패스(비행기 티켓을 좌석권으로 바꾸는 것)할 때 정해지므로 일찍 할수록 원하는 자리에 앉을 수 있다.

공항에서
● 짐이 많은 사람들은 내용물이 손상되지 않게 잘 포장한 다음 보딩패스를 할 때 짐을 부치고, 반드시 TAG(짐을 부칠 때 항공사에 주는 꼬리표, 보통 항공편명, 출발지, 도착지, 시간이 적혀있음)를 받고 가방에도 이름표를 꼭 달아놓는다.

● 휴대한 귀중품은 세관을 통과할 때 꼭 신고하여 입국시 문제가 발생하여 좋은 추억을 망치는 일이 없도록 해야 한다. 기내에는 간단한 휴대용 가방만 갖고 들어갈 수 있다.

기내에서 지켜야할 에티켓

좌석에서

● 기내에서 간편한 옷차림을 하거나 슬리퍼를 신는 것은 괜찮지만 내의 바람이나 양말을 벗는 행위는 곤란하다. 발이 피곤하면 신발을 벗는 것은 가능하나 벗은 채 기내를 돌아다니거나 신발 벗은 발이 타인에게 보이도록 자세를 취하는 것은 실례가 되므로 조심해야 한다.

● 승무원을 부를 때는 승무원 호출버튼을 누르거나 통로를 지날 때 가볍게 손짓하거나 눈이 마주칠 때 살짝 부른다. 우리 식으로 손을 흔들어 부르는 것은 예의에 어긋난다.

● 좌석의 등받이를 뒤로 제칠 때는 지나치게 제치면 안된다. 식사가 시작되면 제쳐놓은 등받이를 반드시 원위치로 해 놓는다. 베게와 모포는 보통 머리 위의 선반에 비치되어 있다.

식사를 할때

● 식사서비스가 시작되면 일단 자기자리로 가서 좌석의 등받이를 일으켜 세우고 식사용 간이 테이블을 펴놓고 기다린다.

● 식사나 음료서비스를 받을 때는 "Thanks"나 "ありかとう"로 감사 표시를 하는 것이 좋은 매너이다. 식사가 끝나면

반드시 식사 테이블을 원위치로 올려놓아야 한다. 기내에서 술

을 마시면 지상에서 술을 마시는 것보다 빨리 취한다. 따라서 기내에서의 과음은 피하는 것이 좋다.

화장실에서

● 남녀공용이므로 화장실에 들어가면 반드시 안에서 걸어 잠궈야 한다. 그래야 밖에 '사용중(Occupied)'이라는 표시가 나타난다. 잠그지 않을 경우 '비어있음(Vacant)'이라는 표시가 되어 다른 승객이 문을 열게 된다.

● 사용 후에는 반드시 세척(Toilet Flush)이라 표시된 버튼을 누르고, 그래도 더러울 때는 화장지로 닦아준다.

● 세면대는 될 수 있는 대로 짧게 사용하고 사용 후에는 타월로 물기를 닦아 깨끗하게 해주는 것이 상식이다. 사용한 타월은 반드시 '쓰레기함(Towel Disposal)'에 넣어야 한다. 또한 세면대에 비치된 스킨토닉(Skin Tonic)이나 애프터 세이브(After Shave)는 사용 후 가지런히 정돈한다.

● 안전벨트 착용 사인이 켜져 있는 동안은 화장실 사용은 원칙적으로 금지되어 있다. 화장실에 있는 동안 이 사인이 켜지면 될수록 빨리 나와 제자리로 돌아가서 좌석벨트를 매야 한다.

● 기내에서 내릴 때는 승무원들에게 "Thank you" 또는 "Good Bye" 하고 인사하여 긴 비행동안의 수고를 격려해준다.

입국심사 순서 Tip

일본 입국을 신청하는 외국인은 입국심사 시, 지문채취 및 얼굴을 촬영한 후에 입국 심사관의 대면심사를 받게 된다. 면제자를 제외하고 일본에 입국하는 외국인 전원이 대상으로 개인식별정보 제공을 거부할 경우 입국이 불허되며 일본으로부터 퇴거명령을 받게 된다.

면제자
① 특별영주자
② 16세 미만인 자
③ '외교' 또는 '공용' 재류자격에 해당되는 활동을 행하고자 하는 자
④ 국가 행정기관의 장이 초빙한 자
⑤ ❸ 또는 ❹에 준하는 자로 법무성령이 정하는 자

입국 심사 수속
① 입국심사관에게 여권과 출입국카드를 제출한다.
② 입국심사관의 안내를 받은 후 원칙적으로 양손 집게손가락을 지문인식기기 위에 올려놓는다.(결손이 있어 집게손가락을 제공하지 못할 경우 다른 손가락으로 대체)
③ 지문인식기기 윗부분에 있는 카메라에 얼굴을 촬영한다.
④ 입국심사관에게 인터뷰를 받는다.
⑤ 입국심사관에게 여권과 출국카드를 받으면 심사가 끝난다.

출입국카드 작성하는 방법 Tip

일본 출입국 신고서는 내국인용과 외국인용으로 나뉘어져 있으므로 한국인의 경우 외국인용 신고서를 작성한다. 일본의 출입국 신고서는 좌측에는 출국신고서, 우측에는 입국신고서가 한 장으로 되어있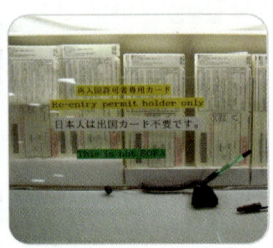
어 동시에 사용이 가능하며 성과 이름은 한자로 표기하고 나머지는 모두 영문으로 표기하여 작성하면 된다.

출국기록 카드(왼쪽)
① **한자 성** : 본인의 한자명 중 성(姓)만 한자로 적는다.
② **한자 이름** : 본인의 한자명 중 이름만 한자로 적는다.
③ **영문 성** : 여권상의 영문명 중 성만 영문으로 적는다.
④ **영문 이름** : 여권상의 영문명 중 이름만 영문으로 적는다.
⑤ **국적** : 영문 또는 한자로 적는다.
⑥ **생년월일** : 일, 월, 년 순으로 적어야 하며 년도는 뒤의 두자리수만 적는다.
⑦ **항공기편명/선명** : 일본 입국할 때 이용하는 항공편명이나 선편명을 적는다.
⑧ **서명** : 여권에 적혀있는 본인의 서명을 적는다.

입국기록카드(오른쪽)
① **한자 성** : 출입국 카드의 ①과 동일하게 적는다
② **한자 이름** : 출입국 카드의 ②과 동일하게 적는다
③ **영문 성** : 출입국 카드의 ③과 동일하게 적는다

출국기록 카드 견본 (앞쪽)

입국기록 카드 견본 (뒤쪽)

- ❹ **영문 이름** : 출입국 카드의 ❹과 동일하게 적는다
- ❺ **국적** : 출입국 카드의 ❺과 동일하게 적는다
- ❻ **생년월일** : 출입국 카드의 ❻과 동일하게 적는다
- ❼ **성별** : 남, 여 (∨표시)
- ❽ **현주소** : 현재의 주소를 영문이나 한자로 적는다.
  ※ 주소는 자세하게 쓰지 않아도 되지만 ○○동, ○○구, 서울, 한국 순으로 작성
- ❾ **직업** : 주요 직업을 영문으로 적는다.
  ※ 회사원 Company employee, Office clerk/공무원 Public officer, Government official/농업종사자 Farmer/어업종사자 Fisherman/의사 Doctor/간호사 Nurse/변호사 Lawyer/요리사 Cook/교사 Teacher/학생 Student/주부 Housewife
- ❿ **여권 번호** : 여권상의 여권번호를 정확하게 적는다.
- ⓫ **항공기 편명** : 출입국 카드의 ❼과 동일하게 적는다.
- ⓬ **도항목적** : 예시된 여러가지 일본 입국 목적 중에서 해당하는 곳에 v표시를 한다.
- ⓭ **일본 체재 예정 기간** : 일본에 체류할 기간을 숫자로 적는다.
- ⓮ **일본의 연락처** : 일본의 연락처를 적는다.

출입국카드 뒷면

출입국 카드 뒤에는 한글 해석부분을 참고하되 반드시 No 부분에 V표시로 체크해야 한다. 맨아래 왼쪽의 서명란에는 여권상의 본인 서명과 동일하게 적는다. 여권을 사용하지 않을 경우엔 여권에 미리 서명을 해두는 것이 좋다.

❶ 당신은 일본에서 강제 출국되거나 입국 거부된 적이 있습니까?

❷ 당신은 일본 또는 다른 나라에서 형사 사건으로 유죄판정

을 받은 적이 있습니까?
❸ 당신은 현재 마약, 대마초, 아편, 환각제 등의 규제약물, 총, 칼 또는 화약류를 소지하고 있습니까?
❹ 당신은 현재 현금을 얼마 가지고 있습니까?
   ※ 100만엔을 초과하지 않으면 문제없으며 환전한 금액을 적는다.(엔, 달러, 원, 위엔 체크)
❺ 맨 끝에 서명과 오늘 날짜를 년, 월, 일 순서대로 적는다.

휴대품 · 별송품 신고서 작성 Tip

일본입국 시 여행자의 휴대품 및 별도로 보낸 물건(택배)등에 대해 일본세관의 법률에 따라 입국하는 모든 여행자에 대해 제출이 의무화되어 있으니 기내에서 작성하여 입국심사를 끝내고 짐을 찾은 뒤 세관직원에게 제출한다.
한국어와 일본어 양식이 크게 다르지 않으니 잘 대조하여 작성하면 된다.

휴대품 · 별송품 신고서 견본

POINT WORDS

窓側(まどがわ)の 席(せき)	마도가와노 세키	창가쪽 자리
通路側(つうろがわ)の 席(せき)	츠-로가와노세키	통로쪽 자리
~したい	시타이	~하고 싶다
携帯電話(けいたいでんわ)	케-타이뎅와	휴대전화
質問(しつもん)	시츠몽	질문
安全(あんぜん)ベルト	안젬베르토	안전밸트
到着(とうちゃく)	토-쨔쿠	도착
問題(もんだい)	몬다이	문제
現地時間(げんちじかん)	겐치지캉	현지시간
機内食(きないしょく)	키나이쇼쿠	기내식
魚(さかな)	사카나	생선
鶏肉(とりにく)	토리니쿠	닭고기
飛(と)び越(こ)す	토비코수	건너뛰다
雑誌(ざっし)	잣시	잡지
新聞(しんぶん)	심붕	신문

POINT WORDS

免税品商品(めんぜいひんしょうひん)	멘제-힝쇼-힝	면세품 상품
葉書(はがき)	하가키	엽서
送(おく)る	오쿠루	브내다
借(か)りる	카리루	빌리다
腹痛(ふくつう)	후쿠츠-	복통
毛布(もうふ)	모-후	담요
眼帯(がんたい)	강타이	안대
乗(の)り物(もの)酔(よ)い	노리모노요이	(비행기)멀미
薬(くすり)	쿠수리	약
旅券(りょけん)	료켕	여권
ビザ	비자	비자
便名(びんめい)	빔매이	편명
目的地(もくてきち)	모쿠테키치	목적지
両替(りょうがえ)	료-가에	환전
手数料(てすうりょう)	테-수료-	수수료

PART 02
ホテル
호텔

단어를 바꿔가면서 말해요~

❶ 더블룸으로 부탁합니다.
ダブルルームお願(ねが)いします.
다브루루-무 오네가이시마스

더블룸 대신 쓸수 있는 단어
● シングルルーム 1인방 (침대 수 1)
● ツインルーム 2인방 (침대 수 2)
● 風呂付(ふろつ)きの部屋(へや) 욕실 있는 방
● 特別室(とくべつしつ) 특실

❷ 얼음 좀 가져다 주세요.
氷(こおり)を持(も)って来(き)てください.
코-리오 못테키테 쿠다사이

얼음 대신 쓸수 있는 단어	
● 水(みず) 물	● シャンプー 샴푸
● タオル 수건	● ブラシ 빗
● 石鹸(せっけん) 비누	● 布団(ふとん) 이불

❸ 세탁 서비스는 있습니까?
クリーニングサービスはありますか.
크리-닝구 사-비스와 아리마스까?

세탁 대신 쓸수 있는 단어	
● モーニングコール 모닝콜	● ルーム 룸
● マッサージ 마사지	

❹ 열쇠를 잃어 버렸습니다.
鍵(かぎ)を無(な)くしました.
카기오 나쿠시마시타

열쇠 대신 쓸수 있는 단어

- ケータイ電話(でんわ) 휴대폰
- パスポート 여권
- 記念品(きねんひん) 기념품
- 鞄(かばん) 가방
- 財布(さいふ) 지갑
- チケット 비행기표

❺ 수도꼭지가 망가졌습니다.
水道(すいどう)の蛇口(じゃぐち)が壊(こわ)れました.
수이도-노 쟈구치가 코와레마시타

수도꼭지 대신 쓸수 있는 단어

- エアコン 에어콘
- テレビ 텔레비젼
- 冷蔵庫(れいぞうこ) 냉장고
- ドライヤー 드라이기
- ロック 잠금장치
- 電灯(でんとう) 등

❻ 자판기는 어디에 있습니까?
自動販売機(じどうはんばいき)はどこにありますか.
지도-함바이키와 도코니 아리마스까?

자판기 대신 쓸수 있는 단어

- カラオケ 노래방
- ヘルス クラブ 헬스클럽
- 食堂(しょくどう) 식당
- レストラン 레스토랑
- プール 수영장

unit 1
호텔 예약과 체크인

어서오십시오. 뭘 도와드릴까요?

いらっしゃいませ. 何(なに)をお手伝(てつだ)いしましょうか.

이랏샤이마세. 나니오 오테츠다이 시마쇼-까?

오늘 밤, 빈방 있습니까?

今夜(こんや)、空(あ)き部屋(べや)はありますか.

콩야, 아키베야와 아리마스까?

예약은 하셨습니까?

予約(よやく)はされていますか.

요야쿠와 사레테 이마스까?

예약했습니다.

予約(よやく)してあります.

요야쿠시테 아리마스

확인서는 여기 있습니다.

確認書(かくにんしょ)はこれです.

카쿠닌쇼와 코레데스

예약을 하고 싶은데요.

予約(よやく)をしたいのですが.

요야쿠오 시타이노데스가

예약은 한국에서 다 했습니다.

予約(よやく)は韓国(かんこく)でしました.

요야쿠와 캉코쿠데 시마시타

아직 예약을 하지 않았습니다.

まだ予約(よやく)はしていません.

마다 요야쿠와 시테 이마셍

죄송하지만, 빈 방이 없습니다.

申(もう)し訳(わけ)ありませんが、空(あ)き部屋(べや)はありません.

모-시와케 아리마셍가, 아키베야와 아리마셍

죄송하지만 다른 호텔을 찾으시겠습니까?

申(もう)し訳(わけ)ありませんが、他(ほか)のホテルを探(さが)してくださいませんか.

모-시와케 아리마셍가, 호카노호테루오 사가시테 쿠다사이마셍까?

(늦을 경우) 8시에 도착할 겁니다.

8時(じ)に到着(とうちゃく)します.

하치지니 토-챠쿠시마스

예약을 취소하지 말아주세요.

予約(よやく)を取(と)り消(け)さないでください.

요야쿠오 토리케사나이데 쿠다사이

다시 한번 확인해 주십시오.

もう一度(いちど)確認(かくにん)してください.

모- 이치도 카쿠닝시테 쿠다사이

방을 취소하지 않았습니다.

部屋(へや)をキャンセルしていません.

헤야오 캰세루시테 이마셍

몇 박을 하실 겁니까?

何(なん)泊(ぱく)なさいますか.

남파쿠 나사이마스까?

오늘 밤부터 2박 할 겁니다.

今(こん)晩(ばん)から二泊(にはく)します.

콤방카라 니하쿠시마스

숙박요금은 얼마입니까?

宿泊(しゅくはく)料金(りょうきん)はいくらですか.

슈쿠하쿠료-킹와 이쿠라데스까?

1박에 얼마입니까?

一泊(いっぱく)いくらですか.

입파쿠 이쿠라데스까?

요금에 조식은 포함되어 있나요?

料金(りょうきん)に朝食(ちょうしょく)は含(ふく)まれていますか.

료-킨니 쵸-쇼쿠와 후쿠마레테 이마스까?

더블 룸으로 부탁합니다.

ダブルルームお願(ねが)いします.

다부루루-무 오네가이시마스

욕실이 있는 방으로 부탁합니다.

バス付(つ)きの部屋(へや)をお願(ねが)いします.

바스츠키노 헤야오 오네가이시마스

성함을 말씀하십시오.

お名前(なまえ)をどうぞ.

오나마에오 도-조

숙박 쿠폰을 가지고 있습니다.

宿泊(しゅくはく)クーポンを持(も)っています.

슈쿠하쿠 쿠-퐁오 못테 이마스

조용한 방으로 부탁합니다.

静(しず)かな部屋(へや)をお願(ねが)いします.

시즈카나 헤야오 오네가이시마스

전망이 좋은 방으로 부탁합니다.

眺(なが)めのいい部屋(へや)をお願(ねが)いします.

나가메노 이- 헤야오 오네가이시마스

방을 보여 주세요.

部屋(へや)を見(み)せてください.

헤야오 미세테 쿠다사이

좀 더 좋은 방은 없습니까?

もっとよい部屋(へや)はありませんか.

못토 요이 헤야와 아리마셍까?

출입국 | 호텔 | 레스토랑 | 교통 | 관광 | 쇼핑 | 통신 | 트러블 | 귀국

좀 더 큰 방으로 바꿔 주세요.

もう少(すこ)し大(おお)きい部屋(へや)にかえてください.

모- 스코시 오-키- 헤야니 카에테 쿠다사이

이 방으로 하겠습니다.

この部屋(へや)にします.

코노 헤야니 시마스

숙박카드에 기입해 주십시오.

宿泊(しゅくはく)カードにご記入(きにゅう)ください.

슈쿠하쿠 카-도니 고키뉴- 쿠다사이

이게 방 열쇠입니다.

こちらが部屋(へや)のカギとなります.

코치라가 헤야노 카기토 나리마스

귀중품을 보관해 주시겠어요?

貴重品(きちょうひん)を預(あず)かってもらえますか.

키쵸-힝오 아즈캇테 모라에마스까?

벨보이가 방으로 안내하겠습니다.

ベルボーイが部屋(へゃ)に
案内(あんない)します.

베루보-이가 헤야니 안나이시마스

짐을 방까지 옮겨 주겠어요?

荷物(にもつ)を部屋(へゃ)まで運(はこ)
んでくれますか.

니모츠오 헤야마데 하콘데 쿠레마스까?

여기가 손님방입니다.

こちらがお客様(きゃくさま)の
お部屋(へゃ)になります.

코치라가 오캬쿠사마노 오헤야니 나리마스

107

unit 2
룸서비스 이용하기

(세탁)크리닝 가능한가요?

クリーングできますか.

크리-닝구 데키마스까?

룸서비스를 부탁합니다.

ルームサービスお願(ねが)いします.

루-무사-비스 오네가이시마스

모닝콜을 부탁합니다.

モーニングコールお願(ねが)いします.

모-닝구코-루 오네가이시마스

몇 시에 말입니까?

何時(なんじ)にですか.

난지니데스까?

7시에 부탁합니다.

7時(じ)にお願(ねが)いします.

시치지니 오네가이시마스

내일 아침 8시에 아침을 먹고 싶은데요.

明日(あした)の朝(あさ)8時(じ)に朝食(ちょうしょく)をしたいのですが.

아시타노 아사 하치지니 쵸-쇼쿠오 시타이노데스가

방 번호를 말씀하십시오.

お部屋番号(へやばんごう)をどうぞ.

오헤야 방고-오 도-조

여기는 1234호실입니다.

こちらは1234号室(ごうしつ)です.

코치라와 센니햐쿠산쥬-용 고-시츠데스

따뜻한 마실 물이 필요한데요.

温(あたた)かいお湯(ゆ)がほしいのですが.

아타타카이 오유가 호시이노데스가

출입국 / 호텔 / 레스토랑 / 교통 / 관광 / 쇼핑 / 통신 / 트러블 / 귀국 한국으로 전화를 하고 싶은데요.

韓国(かんこく)に電話(でんわ)をかけたいのですが.

캉코쿠니 뎅와오 카케타이노데스가

마사지를 부탁합니다.

マッサージをお願(ねが)いします.

맛사-지오 오네가이시마스

식당 예약 좀 해 주시겠어요?

レストランを予約(よやく)していただけますか.

레스토랑오 요야쿠시테 이타다케마스까?

어느 정도 시간이 걸립니까?

どのくらい時間(じかん)がかかりますか.

도노쿠라이 지캉가 카카리마스까?

가능한 빨리 부탁합니다.

できるだけ早(はや)くお願(ねが)いします.

데키루다케 하야쿠 오네가이시마스

(노크를 하면) 누구십니까?

どなたですか.

도나타데스까?

잠시만 기다리세요.

ちょっと待(ま)ってください.

춋토 맛테 쿠다사이

들어오세요.

お入(はい)りください.

오하이리 쿠다사이

이건 팁입니다.

これはチップです.

코레와 칩푸데스

unit 3
호텔시설 이용하기

자판기는 있습니까?

自動販売機(じどうはんばいき)はありますか.

지도-함바이키와 아리마스까?

이 호텔에 테니스코트는 있습니까?

このホテルにテニスコートはありますか.

코노 호테루니 테니스코-토와 아리마스까?

식당은 어디에 있습니까?

食堂(しょくどう)はどこですか.

쇼쿠도-와 도코데스까?

식당은 몇 시까지 합니까?

食堂(しょくどう)は何時(なんじ)までですか.

쇼쿠도-와 난지마데데스까?

커피숍은 어디에 있습니까?

コーヒーショップはどこですか.

코-히-숍푸와 도코데스까?

바는 언제까지 합니까?

バーはいつまで開(あ)いていますか.

바-와 이츠마데 아이테 이마스까?

노래방은 어디에 있습니까?

カラオケはどこですか.

카라오케와 도코데스까?

컴퓨터를 사용하고 싶은데요.

パソコンを使(つか)いたいのですが.

파소콩오 츠카이타이노데스가

이메일을 체크하고 싶은데요.

メールをチェックしたいのですが.

메-루오 첵쿠시타이노데스가

팩스(복사기)는 있습니까?

ファックスはありますか.

확쿠스와 아리마스까?

여기서 관광버스 표를 살 수 있습니까?

ここで観光(かんこう)バスのチケットが買(か)えますか.

코코데 캉코-바스노 치켓토가 카에마스까?

세탁서비스는 있나요?

ランドリーサービスはありますか.

란도리- 사-비스와 아리마스까?

세탁을 부탁합니다.

クリーニングをお願(ねが)いします.

쿠리닝구오 오네가이시마스

언제 됩니까?

仕上(しあ)がりはいつですか.

시아가리와 이츠데스까?

빨리 해 주세요.

急(いそ)いで仕上(しあ)げてください.

이소이데 시아게테 쿠다사이

이 와이셔츠를 다려 주세요.

このワイシャツにアイロンをかけてください.

코노 와이샤츠니 아이롱오 카케테 쿠다사이

미용실은 있습니까?

美容院(びょういん)はありますか.

비요-잉와 아리마스까?

오늘 오후에 예약할 수 있습니까?

今日(きょう)の午後(ごご)、予約(よやく)できますか.

쿄-노 고고, 요야쿠 데키마스까?

(헤어스타일을) 어떻게 할까요?

どのようにしますか.

도노요-니 시마스까?

샴푸와 세트를 해주세요.

シャンプーとセットをお願(ねが)いします.

샴푸-토 셋토오 오네가이시마스

커트와 샴푸만 해 주세요.

カットとシャンプーだけお願(ねが)いします.

캇토토 샴푸-다케 오네가이시마스

커트와 면도를 부탁합니다.

カットと髭剃(ひげそ)りをお願(ねが)いします.

캇토토 히게소리오 오네가이시마스

조금만 잘라 주세요.

少(すこ)しだけ切(き)ってください.

스코시다케 킷테 쿠다사이

짧게 깎아 주세요.

短(みじか)く切(き)ってください.

미지카쿠 킷테 쿠다사이

너무 짧게 하지 마세요.

あまり短(みじか)くしないでください.

아마리 미지카쿠 시나이데 쿠다사이

뒤를 조금 잘라 주세요.

後(うし)ろを少(すこ)し切(き)ってください.

우시로오 스코시 킷테 쿠다사이

unit 4
호텔내 전화·우편

누구를 불러 드릴까요?

どなたをお呼(よ)びしましょうか.
도나타오 오요비시마쇼-까?

당신의 이름과 호실을 말씀하십시오.

あなたのお名前(なまえ)とお部屋(へや)の番号(ばんごう)をどうぞ.
아나타노 오나마에토 오헤야노 방고-오 도-조

전화를 끊고 기다려 주십시오.

電話(でんわ)を切(き)ってお待(ま)ちください.
뎅와오 킷테 오마치 쿠다사이

그대로 기다리십시오.

そのままでお待(ま)ちください.

소노마마데 오마치 쿠다사이

자 말씀하십시오.

どうぞお話(はな)しください.

도-조 오하나시 쿠다사이

여보세요. 기무라씨에요?

もしもし、そちらは木村(きむら)さんでしょうか.

모시모시, 소치라와 키무라산데쇼-까?

통화중입니다.

お話(はな)し中(ちゅう)です.

오하나시츄-데스

응답이 없습니다.

お出(で)になりません.

오데니 나리마셍

방에서 한국으로 전화할 수 있나요?

部屋(へや)から韓国(かんこく)に
電話(でんわ)ができますか.

헤야카라 캉코쿠니 뎅와가 데키마스까?

이 전화는 한국에 걸립니까?

この電話(でんわ)で韓国(かんこく)にか
かりますか.

코노 뎅와데 캉코쿠니 카카리마스까?

전화요금은 얼마입니까?

電話(でんわ)料金(りょうきん)はいくらで
すか.

뎅와료-킹와 이쿠라데스까?

우표는 어디서 살 수 있나요?

切手(きって)はどこで買(か)えますか.

킷테와 도코데 카에마스까?

이 편지를 부쳐 주세요.

この手紙(てがみ)を出(だ)してください.

코노 테가미오 다시테 쿠다사이

한국까지 항공편으로 보내 주세요.

韓国(かんこく)まで航空便(こうくうびん)で送(おく)ってください.
캉코쿠마데 코-쿠-빈데 오쿳테 쿠다사이

이 소포를 한국으로 보내고 싶은데요.

この小包(こづつみ)を韓国(かんこく)に送(おく)りたいのですが.
코노 코즈츠미오 캉코쿠니 오쿠리타이노데스가

unit 5
호텔내 트러블

마스터키를 부탁합니다.

マスターキーをお願(ねが)いします.

마스타-키-오 오네가이시마스

열쇠가 잠겨 방에 들어갈 수 없습니다.

鍵(かぎ)がかかって部屋(へや)に入(はい)れないんです.

카기가 카캇테 헤야니 하이레나인데스

열쇠를 방에 두고 나왔습니다.

鍵(かぎ)を部屋(へや)に忘(わす)れました.

카기오 헤야니 와스레마시타

카드키는 어떻게 사용합니까?

カードキーはどう使(つか)うのでしょうか.

카-도키-와 도- 츠카우노데쇼-까?

방 번호를 잊어버렸습니다.

部屋(へや)の番号(ばんごう)を忘(わす)れました.

헤야노 방고-오 와스레마시타

복도에 이상한 사람이 있습니다.

廊下(ろうか)に不審(ふしん)な人(ひと)がいます.

로-카니 후신나 히토가 이마스

옆방이 무척 시끄럽습니다.

となりの部屋(へや)がとてもうるさいです.

토나리노 헤야가 토테모 우루사이데스

(시끄러워서) 잠을 잘 수 없습니다.

うるさくて眠(ねむ)れないです.

우루사쿠테 네무레나이데스

방을 바꿔 주세요.

部屋(へや)を替(か)えてください.

헤야오 카에테 쿠다사이

화장실 물이 잘 안내려 갑니다.

トイレの水(みず)がよく流(なが)れません.

토이레노 미즈가 요쿠 나가레마셍

뜨거운 물이 나오지 않는데요.

お湯(ゆ)が出(で)ないのですが.

오유가 데나이노데스가

물이 샙니다.

水(みず)が漏(も)れています.

미즈가 모레테 이마스

수도꼭지가 고장 났습니다.

水道(すいどう)の蛇口(じゃぐち)が壊(こわ)れています.

스이도-노 쟈구치가 코와레테 이마스

물이 뜨겁지 않습니다.

お湯(ゆ)が熱(あつ)くありません.

오유가 아츠쿠 아리마셍

빨리 고쳐 주세요.

すぐ修理(しゅうり)してください.

스구 슈-리시테 쿠다사이

방 청소가 아직 안 되어 있네요.

部屋(へや)がまだ掃除(そうじ)されていません.

헤야가 마다 소-지사레테 이마셍

미니바가 텅 비어 있습니다.

ミニバーが空(から)っぽです.

미니바-가 카랍포데스

타월을 바꿔 주세요.

タオルを取(と)り替(か)えてください.

타오루오 토리카에테 쿠다사이

unit 6
호텔 체크아웃

체크아웃을 하고 싶은데요.

チェックアウトをしたいのですが.

첵쿠아우토오 시타이노데스가

체크아웃은 몇 시입니까?

チェックアウトは何時(なんじ)ですか.

첵쿠아우토와 난지데스까?

하루 일찍 떠나고 싶은데요.

一日(いちにち)早(はや)く発(た)ちたいのですが.

이치니치 하야쿠 타치타이노데스가

하룻밤 더 묵고 싶은데요.

もう一泊(いっぱく)したいのですが.

모- 입파쿠 시타이노데스가

오후까지 방을 쓸 수 있나요?

午後(ごご)まで部屋(へや)を使(つか)えますか.

고고마데 헤야오 츠카에마스까?

오전 10시에 택시를 불러 주세요.

午前(ごぜん)10時(じ)にタクシーを呼(よ)んでください.

고젠 쥬-지니 타쿠시-오 욘데 쿠다사이

맡긴 귀중품을 꺼내 주세요.

預(あず)けておいた貴重品(きちょうひん)を出(だ)してください.

아즈케테 오이타 키쵸-힝오 다시테 쿠다사이

출발할 때까지 짐을 맡아 주시겠어요?

出発(しゅっぱつ)まで荷物(にもつ)を預(あず)かってください.

슙파츠마데 니모츠오 아즈캇테 쿠다사이

출입국 | 호텔 | 레스토랑 | 교통 | 관광 | 쇼핑 | 통신 | 트러블 | 귀국

방에 물건을 두고 나왔습니다.

部屋(へや)に忘(わす)れ物(もの)をしました.

헤야니 와스레모노오 시마시타

포터를 보내 주세요.

ポーターをお願(ねが)いします.

포-타오 오네가이시마스

계산을 부탁합니다.

会計(かいけい)をお願(ねが)いします.

카이케-오 오네가이시마스

신용카드도 됩니까?

クレジットカードでお願(ねが)い出来(でき)ますか.

쿠레짓토카-도데 오네가이 데키마스까?

전부 포함된 겁니까?

全部(ぜんぶ)込(こ)みですか.

젬부 코미데스까?

영수증을 주십시오.

レシートください.

레시-토 쿠다사이

계산이 틀린 것 같은데요.

計算(けいさん)が違(ちが)っているようですが.

케-상가 치갓테이루요-데스가

고맙습니다. 즐겁게 보냈습니다.

ありがとう. 快適(かいてき)な滞在(たいざい)でした.

아리가토-. 카이테키나 타이자이데시타

호텔 예약에 관한 정보 Tip

예약하기

숙소는 현지에서 구하기보다는 출발 전 미리 예약을 해야 출입국심사 시 불이익이 없을 뿐만 아니라 여행사나 인터넷을 통해 예약하는 것이 가장 저렴하다. 일본 현지의 호텔 예약  사이트를 이용하면 더욱 저렴하고 다양한 숙소가 있지만 일어로 되어 있는 것이 단점이다.

❶ 국내 여행사를 이용한다.
❷ 호텔 자체 인터넷 홈페이지를 이용한다.
❸ 현지의 관광안내센터를 이용한다.
❹ 호텔로 직접 전화나 FAX를 이용한다.
❺ 일본계 호텔 예약사이트를 이용한다.

여러종류의 숙박시설 Tip

서양식 호텔

일본전국에 걸쳐 분포되어 있으며 대도시에는 어느 곳에나 유명한 체인호텔이 있고 스탭들이 영어를 구사할 수 있는 경우가 대부분이다. 관광 시즌에 방문하는 경우 여유를 두고 예약하는 것이 좋고 높은 수준의 서비스와 시설을 자랑하고 있다. 쾌적한 숙박 환경을 갖추고 있는 외에도 통역, 쇼핑센터, 헬스클럽 등 추가 서비스를 받을 수도 있다.

특급호텔의 더블 혹은 트윈 룸의 경우 1박당 평균 30,000엔 정도이며 일급호텔의 경우 약 20,000엔 전후이다.

비즈니스호텔

저렴하게 일본을 여행하려는 관광객들에게 있어서는 최적의 호텔로 최소한의 필요한 시설만을 갖추고 있으며 주로 일본인 비즈니스맨을 위한 호텔이라고 할 수 있다. 청결하고 쾌적한 시

설을 갖추고 있지만 고급호텔에 비해 객실이 좁으며 룸서비스가 없고 욕조가 딸린 싱글 룸이 대부분이다. 지하철역과 가까워 편리하고 싱글 룸의 경우 약 5,000엔~10,000엔이다.

료칸

우아한 옛 귀족의 기분을 느끼고 싶다면 료칸을 추천한다. 객실 크기는 싱글 룸 정도의 넓이로 바닥은 다다미로 되어 있으며 전통적인

인테리어로 꾸며져 있다.
숙박과 일본전통 문화를 체
험하기에 좋으며 온천료칸,
관광료칸, 요리료칸 등이
있다. 숙박비에 식사요금이
포함되어 있다면 그 지역
특산물로 만들어진 맛있는
저녁식사와 심플한 아침식사, 두 끼를 제공받을 수 있다.
온천의 욕조는 자연과의 조화와 함께 마음을 편안하게 해주기
때문에 친한 친구, 가족, 또는 전혀 얼굴도 모르는 타인과의 대
화를 즐기기에 아주 적절한 장소로 일본인은 여러 번에 걸쳐 몸
을 씻고 뜨거운 물에 몸을 담그는 것을 번갈아 가면서 긴 시간
동안 온천탕의 즐거움과 온천수의 효능을 즐기는 것이 일반적
이다. 료칸의 요금은 실로 다양해서 비싼 요금을 받는 고급료칸
도 있지만, 보통은 2끼의 식사가 포함된 12,000엔~20,000엔
정도이고 객실만 제공되는 곳은 평균 5,000엔 정도로 세금과
서비스요금은 별도로 청구된다.

민숙

우리나라의 민박. 일본을 저렴하게 여행하며 일상생활에서 체
험하기 힘든 새로운 여행의 맛을 즐겨보고 싶다면 민숙에 머물
러 보는 것을 권한다. 일본판 게스트 홈이라고 불리는 민숙은

가족경영의 형식으로 경
영자 자신의 집 일부를 빌
려주는 것이다. 민숙은 대
부분 고급 리조트지역이
나 보양지에 있으며 이용
시설이나 서비스 등은 상
당히 적다고 할 수 있다.

민숙의 요금은 보통 2끼의 식사가 딸린 가족용 객실의 경우 약 6,500엔 정도이다.

펜션

프랑스식 이름을 딴 이 숙박시설은 보통 산악지대의 스키장이나 스포츠를 즐기기 위한 사람들이 즐겨 찾는 지역에 있다. 펜션은 보통 가족적인 분위기의 민숙과 각종 편리한 설비를 갖춘 호텔, 중간쯤의 숙박시설이라고 볼 수 있으며 우리나라의 펜션은 유럽형 펜션보다 일본형 펜션에 가깝기 때문에 부담이 없고 시설과 운영형태는 호텔형보다 콘도형에 가깝다. 평균적인 요금은 식사가 딸리지 않은 1박의 경우 8,000엔, 2끼 식사가 포함된 경우 10,000엔 정도이다.

유스호스텔

매우 저렴한 가격으로 안전하게 머물 수 있는 장소로 세계 각국의 친구를 사귐으로써 진정한 국제우호를 실현 할 수 있다. 국제유스호스텔 회원은 전 세계의 유스호스텔을 저렴하게 이용할 수 있으나 공영유스호스텔은 회원과 비회원의 가격이 같으니 굳이 유스호스텔 회원에 가입하지 않아도 된다. 숙박비가 비슷한 민박에 비해 외진 곳에 위치해 작은 도시 여행에 유용하며 식사 제공 여부에 따라 가격이 달라지니 잘 알아보고 예약한다. 숙박비는 2,000엔에서 5,000엔까지 다양하다.

POINT WORDS

予約(よやく) 요야쿠	예약
登緑(とうろく) 토-로쿠	등록
契約金(けいやくきん) 케-야쿠킹	계약금
取(と)り消(け)し 토리케시	취소
確認(かくにん) 카쿠닝	확인
含(ふく)む 후쿠무	포함하다
泊(とま)る 토마루	머무르다
浴室(よくしつ) 요쿠시츠	욕실
景色(けしき)＝眺(なが)め 케시키=나가메	경관
空(あ)き部屋(べや) 아키베야	빈 방
クーポン 쿠-퐁	쿠폰
貴重(きちょう)な 키쵸-나	귀중한
荷物(にもつ) 니모츠	짐
忘(わす)れる 와스레루	잊어버리다
按摩(あんま) 암마	안마

POINT WORDS

日本語	読み方	韓国語
機械(きかい)	키카이	기계
洗濯物(せんたくもの)	센타쿠모노	세탁물
シャツ	샤츠	셔츠
美容室(びようしつ)	비요-시츠	미용실
頭(あたま)	아타마	머리
髭剃(ひげそ)り	히게소리	면도
整(ととの)える	토토노에루	다듬다
短(みじか)い	미지카이	짧은
これから	코레카라	앞으로
忙(いそが)しい	이소가시-	바쁜
答(こた)え＝返事(へんじ)	코타에＝헹지	대답
自動販売機(じどうはんばいき)	지도-함바이키	자판기
閉(し)める＝掛(か)ける	시에루＝카케루	잠그다
使(つか)う	츠카우	사용하다
まだ	마다	아직

PART 03
レストラン
레스토랑

단어를 바꿔가면서 말해요~

1 이 식당은 어디에 있습니까?

この食堂(しょくどう)はどこにありますか.

코노 쇼쿠도-와 도코니아리마스까?

식당 대신 쓸 수 있는 단어

- コーヒーショップ 커피숍
- ピザの店(みせ) 피자집
- ファミリーレストラン 가족식당
- バイキング 뷔페
- スナック 스낵

2 아침 식사를 하려는데요.

朝食(ちょうしょく)を取(と)りたいんですが.

쵸-쇼쿠오 토리타잉데스가

아침식사 대신 쓸 수 있는 단어

- 間食(かんしょく)＝おやつ 간식
- 昼食(ちゅうしょく) 점심 식사
- 夕食(ゆうしょく) 저녁 식사

3 햄버거는 내가 제일 좋아하는 음식이다.

ハンバーガーは私(わたし)が大好(だいす)きな食(た)べ物(もの)です.

함바-가-와 와타시가 다이수키나 타베모노데스

햄버거 대신 쓸 수 있는 단어

- 海産物料理(かいさんぶつりょうり) 해물요리
- ステーキ 스테이크
- シーチキンサンドイッチ 참치 샌드위치

❹ 이 레스토랑은 구운 고기로 유명합니다.

このレストランは焼(や)き肉(にく)で有名(ゆうめい)です.

코노 레스토랑와 야키니쿠데 유-메이데스

구운 대신 쓸 수 있는 단어
- 焼(や)き 불에 구운
- 薬味(やくみ) 양념
- フライ＝天婦羅(てんぷら) 기름에 튀김
- 網焼(あみや)き 석쇠에 올려놓고 구운
- 薄切(うすぎ)り 얇게 저민
- 薫製(くんせい) 훈제

❺ 마늘은 넣지 말아 주세요.

にんにくは入(い)れないでください.

닝니쿠와 이레나이데 쿠다사이

마늘 대신 쓸 수 있는 단어
- 葱(ねぎ) 파
- 玉葱(たまねぎ) 양파
- 胡椒(こしょう) 후추
- 塩(しお) 소금
- 砂糖(さとう) 설탕
- 生姜(しょうが) 생강
- 人参(にんじん) 당근

❻ 어떤 맥주가 있습니까?

どんなビールがありますか.

돈나 비-루가아리마스까?

맥주 대신 쓸 수 있는 단어
- ワイン 포도주
- ウイスキー 위스키
- 酒類(しゅるい) 주류
- 飲(の)み物(もの) 음료수
- スコッチ 스카치

unit 1
식당찾기와 예약하기

이 근처에 추천할만한 음식점은 없습니까?

この近(ちか)くにおすすめの店(みせ)はありませんか.

코노 치카쿠니 오스스메노 미세와 아리마셍까?

이곳에 한국 식당은 있습니까?

この町(まち)に韓国(かんこく)レストランはありますか.

코노 마치니 캉코쿠 레스토랑와 아리마스까?

이 지방의 명물요리를 먹고 싶은데요.

この土地(とち)の名物料理(めいぶつりょうり)が食(た)べたいのですが.

코노 토치노 메-부츠료-리가 타베타이노데스가

음식을 맛있게 하는 가게가 있으면 가르쳐 주세요.

評判(ひょうばん)の店(みせ)を教(おし)えてください.

효-반노 미세오 오시에테 쿠다사이

싸고 맛있는 가게는 있습니까?

手頃(てごろ)な値段(ねだん)でおいしい店(みせ)はありますか.

테고로나 네당데 오이시- 미세와 아리마스까?

가볍게 식사를 하고 싶은데요.

軽(かる)く食事(しょくじ)をしたいのですが.

카루쿠 쇼쿠지오 시타이노데스가

(책을 보이며) 이 가게는 어디에 있습니까?

この店(みせ)はどこにありますか.

코노 미세와 도코니 아리마스까?

이 지도 어디에 있습니까?

この地図(ちず)のどこですか.

코노 치즈노 도코데스까?

걸어서 갈 수 있습니까?

歩(ある)いて行(い)けますか.

아루이테 이케마스까?

이 시간에 문을 연 가게는 있습니까?

この時間(じかん)に開(あ)いている店(みせ)はありますか.

코노 지칸니 아이테이루 미세와 아리마스까?

몇 시부터 엽니까?

何時(なんじ)から開(あ)いていますか.

난지카라 아이테 이마스까?

붐비는 레스토랑이 좋겠습니다.

賑(にぎ)やかなレストランがいいです.

니기야카나 레스토랑가 이-데스

식당이 많은 곳은 어디입니까?

食堂(しょくどう)が多(おお)いのはどこですか.

쇼쿠도-가 오-이노와 도코데스까?

이곳 사람들이 많이 가는 식당이 있습니까?

地元(じもと)の人(ひと)がよく行(い)く店(みせ)はありますか.

지모토노 히토가 요쿠 이쿠 미세와 아리마스까?

예약이 필요한가요?

予約(よやく)が必要(ひつよう)ですか.

요야쿠가 히츠요-데스까?

그 레스토랑을 예약해 주세요.

そのレストランに予約(よやく)してください.

소노 레스토란니 요야쿠시테 쿠다사이

오늘밤 예약하고 싶은데요.

今晩(こんばん)、予約(よやく)したいのですが.

콤방, 요야쿠 시타이노데스가

손님은 몇 분이십니까?

お客様(きゃくさま)は何名様(なんめいさま)ですか.

오캬쿠사마와 남메이사마데스까?

오후 6시 반에 5명이 갑니다.

午後(ごご)6時半(ろくじはん)に5人(にん)で行(い)きます..

고고 로쿠지한니 고닌데 이키마스

전원 같은 자리로 해 주세요.

全員(ぜんいん)いっしょの席(せき)でお願(ねが)いします.

젱잉 잇쇼노 세키데 오네가이시마스

거기는 어떻게 갑니까?

そちらへはどう行(い)くのですか.

소치라에와 도- 이쿠노데스까?

몇 시라면 괜찮겠습니까?

何時(なんじ)なら大丈夫(だいじょうぶ)ですか.

난지나라 다이죠-부데스까?

몇 시라면 자리가 납니까?

何時(なんじ)なら席(せき)がとれますか.

난지나라 세키가 토레마스까?

금연(흡연)석으로 부탁합니다.

禁煙(きんえん)(喫煙(きつえん))席(せき)にしてください.

킹엥(키츠엥)세키니 시테 쿠다사이

죄송합니다. 예약을 취소하고 싶습니다.

すみません. 予約(よやく)を取(と)り消(け)したいのですが.

스미마셍, 요야쿠오 토리케시타이노데스가

안녕하세요. 예약은 하셨습니까?

こんばんは. ご予約(よやく)はいただいていますか.

콤방와. 고요야쿠와 이타다이테 이마스까?

6시에 예약한 홍길동입니다.

6時(じ)に予約(よやく)しているホンギルドンです.

로쿠지니 요야쿠시테 이루 홍기루동데스

몇 분이십니까?

何名様(なんめいさま)ですか.

남메-사마데스까?

안내해드릴 때까지 기다려 주십시오.

ご案内(あんない)するまでお待(ま)ちください.

고안나이스루마데 오마치 쿠다사이

예약을 하지 않았습니다.

予約(よやく)はしておりません.

요야쿠와 시테 오리마셍

unit 2
음식 주문하기

메뉴 좀 보여 주세요.
メニューを見(み)せてください.
메뉴-오 미세테 쿠다사이

한국어 메뉴는 있습니까?
韓国語(かんこくご)メニューはありますか.
캉코쿠고 메뉴-와 아리마스까?

메뉴에 대해서 가르쳐 주세요.
メニューについて教(おし)えてください.
메뉴-니 츠이테 오시에테 쿠다사이

출입국 | 호텔 | 레스토랑 | 교통 | 관광 | 쇼핑 | 통신 | 트러블 | 귀국

주문하시겠습니까?

ご注文(ちゅうもん)をおうかがいできますか.

고츄-몽오 오우카가이 데키마스까?

잠깐 기다려 주세요.

もうちょっと待(ま)ってください.

모- 촛토 맛테 쿠다사이

추천메뉴는 뭔가요?

お勧(すす)めのメニューは何(なん)ですか.

오스스메노 메뉴-와 난데스까?

주문받으세요.

注文(ちゅうもん)をしたいのですが.

츄-몽오 시타이노데스가

여기서 잘하는 요리는 무엇입니까?

ここの自慢(じまん)料理(りょうり)は何(なん)ですか.

코코노 지망료-리와 난데스까?

오늘 특별 요리가 있습니까?

本日(ほんじつ)の特別料理(とくべつりょうり)はありますか.

혼지츠노 토쿠베츠료-리와 아리마스까?

이것으로 부탁합니다.

これをお願(ねが)いします.

코레오 오네가이시마스

(메뉴를 가리키며) 이것과 이것으로 주세요.

これとこれをください.

코레토 코레오 쿠다사이

저도 같은 것으로 주세요.

私(わたし)にも同(おな)じのをください.

와타시니모 오나지노오 쿠다사이

빨리 되는 것은 있습니까?

何か早くできるのはありますか.

나니카 하야쿠 데키루 노와 아리마스까?

이것은 무슨 요리입니까?

これはどういう料理(りょうり)ですか.

코레와 도-이우 료-리데스까?

어떤 요리인지 설명해 주시겠어요?

どんな料理(りょうり)か説明(せつめい)してください.

돈나 료-리카 세츠메-시테 쿠다사이

요리재료는 뭡니까?

食材(しょくざい)は何(なん)ですか.

쇼쿠자이와 난데스까?

다른 주문은 없으십니까?

ほかにご注文(ちゅうもん)はございますか.

호카니 고츄-몽와 고자이마스까?

디저트는 어떻게 하시겠습니까?

デザートはいかがなさいますか.

데자-토와 이카가 나사이마스까?

unit 3
맛있는 음식 즐기기

먹는 법을 가르쳐 주세요.

食(た)べ方(かた)を教(おし)えてください.

타베카타오 오시에테 쿠다사이

이건 어떻게 먹으면 됩니까?

これはどう食(た)べたらいいですか.

코레와 도- 타베타라 이-데스까?

이것은 재료로 무엇을 사용한 겁니까?

これは材料(ざいりょう)に何(なに)を使(つか)っているのですか.

코레와 자이료-니 나니오 츠캇테 이루노데스까?

스테이크는 어느 정도 구울까요?

ステーキの焼(や)き加減(かげん)はどのようにしますか.

스테-키노 야키카겡와 도노 요-니 시마스까?

이 고기는 무엇입니까?

このお肉(にく)は何(なん)ですか.

코노 오니쿠와 난데스까?

빵을 좀더 주세요.

もう少(すこ)しパンをください.

모- 스코시 팡오 쿠다사이

물 한 잔 주세요.

水(みず)を一杯(いっぱい)ください.

미즈오 입파이 쿠다사이

소금 좀 갖다 주시겠어요?

塩(しお)をいただけますか.

시오오 이타다케마스까?

젓가락을 떨어뜨렸습니다.

箸(はし)を落(お)としてしまいました.

하시오 오토시테 시마이마시타

~을 추가로 부탁합니다.

~を、追加(ついか)でお願(ねが)いします.

~오, 츠이카테 오네가이시마스

디저트를 주세요.

デザートください.

데자-토 쿠다사이

디저트는 뭐가 있나요?

デザートは何(なに)がありますか.

데자-토와 나니가 아리마스까?

이걸 치워 주세요.

これを下(さ)げてください.

코레오 사게테 쿠다사이

(맛은) 어떠십니까?

味(あじ)はいかがですか.

아지와 이카가데스까?

맛있는데요!

これはおいしいです.

코레와 오이시-데스!

술은 어떻게 하시겠습니까?

お酒(さけ)はどうなさいますか.

오사케와 도- 나사이마스까?

생맥주는 있습니까?

生(なま)ビールはありますか.

나마비-루와 아리마스까?

어떤 맥주가 있습니까?

どんなビールがありますか.

돈나 비-루가 아리마스까?

어떤 술입니까?

どんなお酒(さけ)ですか.

돈나 오사케데스까?

이 지방의 특산주 입니까?

この土地(とち)の特有(とくゆう)のお酒(さけ)ですか.

코노 토치노 토쿠유-노 오사케데스까?

식사하기 전에 마실것은 필요 없으신가요?

食事(しょくじ)の前(まえ)に何(なに)かお飲(の)み物(もの)はいかがですか.

쇼쿠지노 마에니 나니카 오노미모노와 이카가데스까?

물이면 충분합니다.

水(みず)でけっこうです.

미즈데 켁코-데스

가벼운 술이 좋겠습니다.

軽(かる)いお酒(さけ)がいいです.

카루이 오사케가 이-데스

출입국 | 호텔 | **레스토랑** | 교통 | 관광 | 쇼핑 | 통신 | 트러블 | 귀국

건배!

乾杯(かんぱい)!

캄파이!

한 잔 더 주세요.

もう一杯(いっぱい)ください.

모- 입파이 쿠다사이

한 병 더 주세요.

もう一本(いっぽん)おかわりください.

모- 입퐁 오카와리 쿠다사이

생수 좀 주세요.

ミネラルウォーターください.

미네라루 워-타- 쿠다사이

unit 4
식당내 트러블

주문한 게 아직 안 나왔습니다.

注文(ちゅうもん)したものがまだ来(き)ていません.

츄-몬시타 모노가 마다 키테 이마셍

어느 정도 기다려야 합니까?

どのくらい待(ま)ちますか.

도노쿠라이 마치마스까?

아직 시간이 많이 걸립니까?

まだだいぶ時間(じかん)がかかりますか.

마다 다이부 지캉가 카카리마스까?

조금 서둘러 주겠어요?

少(すこ)し急(いそ)いでくれませんか.

스코시 이소이데 쿠레마셍까?

벌써 30분이나 기다리고 있습니다.

もう30分(ぷん)も待(ま)っています.

모- 산줍품모 맛테 이마스

이건 주문하지 않았는데요.

これは注文(ちゅうもん)していませんが.

코레와 츄-몬시테 이마셍가

주문을 확인해 주세요.

注文(ちゅうもん)を確(たし)かめてください.

츄-몽오 타시카메테 쿠다사이

주문을 취소하고 싶은데요.

注文(ちゅうもん)をキャンセルしたいのですが.

츄-몽오 캰세루 시타이노데스가

주문을 바꿔도 되겠습니까?

注文(ちゅうもん)を変(か)えてもいいですか.

츄-몽오 카에테모 이-데스까?

이 요리를 데워 주세요.

この料理(りょうり)を温(あたた)めてください.

코노 료-리오 아타타메테 쿠다사이

새 것으로 바꿔 주세요.

新(あたら)しいのと取(と)り替(か)えてください.

아타라시-노토 토리카에테 쿠다사이

요리가 덜 된 것 같네요.

ちょっと火(ひ)が通(とお)っていないようですが.

춋토 히가 토옷테 이나이 요-데스가

수프에 뭐가 들어있습니다.

スープに何(なに)か入(はい)っています.

수-프니 나니카 하잇테 이마스

출입국 호텔 레스토랑 교통 관광 쇼핑 통신 트러블 귀국

159

이 스테이크는 너무 구워졌어요.

このステーキは焼(や)きすぎです.

코노 스테-키와 야키스기데스

맥주가 별로 차갑지 않네요.

ビールがあまり冷(ひ)えていません.

비-루가 아마리 히에테 이마셍

접시가 깨져 있어요.

お皿(さら)が割(わ)れています.

오사라가 와레테 이마스

이건 식었어요. 바꿔 주세요.

これ、冷(さ)めていますよ. 替(か)えてください.

코레, 사메테 이마스요. 카에테 쿠다사이

unit 5
패스트푸드 먹기

이 근처에 패스트푸드점은 있습니까?

この近(ちか)くにファーストフード店(てん)はありますか.

코노 치카쿠니 화-스토후-도텡와 아리마스까?

어디서 주문합니까?

どこで注文(ちゅうもん)するのですか.

도코데 츄-몬스루노데스까?

햄버거하고 커피 주세요.

ハンバーガーとコーヒーをください.

함바-가-토 코-히-오 쿠다사이

출입국 · 호텔 · 레스토랑 · 교통 · 관광 · 쇼핑 · 통신 · 트러블 · 귀국

2번 세트로 주세요.

2番(ばん)セットをお願(ねが)いします.

니반 셋토오 오네가이시마스

어느 사이즈로 하시겠습니까?

どのサイズにしますか.

도노 사이즈니 시마스까?

마요네즈는 바르겠습니까?

マヨネーズは付(つ)けますか.

마요네-즈와 츠케마스까?

케첩을 주세요.

ケチャップをお願(ねが)いします.

켓챂푸오 오네가이시마스

이것을 주세요.

これをください.

코레오 쿠다사이

샌드위치를 주세요.

サンドイッチをください.

산도잇치오 쿠다사이

(재료를 가리키며) 이것을 샌드위치에 넣어 주세요.

これをサンドイッチに入(い)れてください.

코레오 산도잇치니 이레테 쿠다사이

(주문은) 전부입니다.

これで全部(ぜんぶ)です.

코레데 젬부데스

여기서 드시겠습니까, 아니면 가지고 가실 겁니까?

こちらで召(め)し上(あ)がりますか、それともお持(も)ち帰(かえ)りですか.

코치라데 메시아가리마스까, 소레토모 오모치카에리데스까?

여기서 먹겠습니다.

ここで食(た)べます.

코코데 타베마스

가지고 갈 거예요.

持(も)って帰(かえ)ります.

못테 카에리마스

unit 6
음식값 계산하기

여기서 지불할 수 있나요?

ここで払(はら)えますか.
코코데 하라에마스까?

어디서 지불하나요?

どこで払(はら)うのですか.
도코데 하라우노데스까?

계산해 주세요.

会計(かいけい)お願(ねが)いします.
카이케이 오네가이시마스

제가 모두 내겠습니다.

私(わたし)がまとめて払(はら)います.
와타시가 마토메테 하라이마스

따로따로 지불하고 싶은데요.

別々(べつべつ)に払(はら)いたいのですが.

베츠베츠니 하라이 타이노데스가

제 몫은 얼마인가요?

私(わたし)の分(ぶん)はいくらですか.

와타시노 붕와 이쿠라데스까?

팁은 포함되어 있습니까?

チップは含(ふく)まれていますか.

칩푸와 후쿠마레테 이마스까?

제가 내겠습니다.

私(わたし)のおごりです.

와타시노 오고리데스

신용카드도 받나요?

(クレジット)カードで払(はら)えますか.

(쿠레짓토)카-도데 하라에마스까?

현금으로 낼게요.

現金(げんきん)で払(はら)います.

겡킨데 하라이마스

이 요금은 무엇입니까?

この料金(りょうきん)は何(なん)ですか.

코노 료-킹와 난데스까?

영수증을 주시겠어요?

領收証(りょうしゅうしょう)をくださいませんか.

료-슈-쇼-오 쿠다사이 마셍까?

계산이 틀린 것 같습니다.

計算(けいさん)が違(ちが)っているようです.

케-상가 치갓테이루 요-데스

봉사료는 포함되어 있습니까?

サービス料(りょう)は入(はい)っていますか.

사-비스료-와 하잇테 이마스까?

일본음식에 관한 여행정보 Tip

일본은 재료 자체의 본 맛을 살려 먹기 때문에 맛이 담백하고 향신료를 진하게 쓰지 않는다. 색채와 모양을 중요시하여 시각적으로 매우 아름다우며 지리적 특성상 해산물을 이용한 음식들이 많다.

스시

일반적으로 스시하면 생선초밥 '니기리즈시'를 가리킨다. 우리나라에서도 그렇지만 일본에서도 가격대가 높은 음식으로 많은 사람들이 줄지어 있는 곳을 선택하면 싸고 맛있는 집일 확률이 높다. 회전 스시  집에 들어가면 예산에 맞춰 본고장의 맛을 즐길 수 있고 일반 스시집이라면 '스시 셋토'가 무난하다.

통카츠

통카츠를 좋아하는 사람이라면 도쿄 '렌가데이'를 찾아가 본다. 100년의 역사를 자랑하고 있으며 그 기원이 커틀릿이던 슈니첼이던 우리가 먹는 돈가스의 진정한 원조인 것이다. 기대했던 맛이 아니더라도 의미는 충분하다.

템푸라

일본의 템푸라는 각종 야채나 어패류에 밀가루 반죽을 입혀 튀긴 요리의 총칭이다. 전철역 옆에 튀김코너가 자리 잡기 마련인데 그곳의 템푸라는 가격이 싸고 맛도 괜찮다. 해산물의 나라답게 일본의 새우튀김  은 큼지막한 것이 보통이니 꼭 먹어본다.

오뎅

가다랑어포와 다시마를 이용하여 국물을 우려내고 무, 달걀, 두부, 유부 등과 우리가 어묵으로 부르는 카마보코를 넣고 조리한 음식의 이름이다. 오뎅전문점도 있고 체인점도 있지만 관광객 보다는 일반 서  민들이 자주 찾는 곳에 많다. 편의점에서 포장해주는 오뎅도 저렴한 가격에 부담 없이 맛 볼 수 있고 맛도 괜찮은 편이다.

돔부리

돔부리는 밥그릇보다 더 큰 그릇을 뜻한다. 흰 밥 위에 각종 육류나 야채를 요리해서 얹어 먹는 일품요리로 수많은 종류의 덮밥만을 전문적으로 파는 돔부리 전문점 또한 쉽게 볼 수 있고 저렴한 가격에 간편하

게 먹을 수 있는 서민적인 음식이다.

라멘

걸쭉하고 진한 국물에 면을 반죽하여 즉석에서 삶은 라멘이 주류이다. 본고장에 갔으니 그 곳의 맛을 접해보는 것도 좋다. 가이드북에 나오는 유명한 라멘집도 좋지만 주택가에 위치한 소박한 라멘도 무시하면  안 된다. 연구에 연구를 더해 얻어진 요리사의 노하우가 농축된 육수가 중요시되는 요리이기 때문이다.

- **쇼-유라멘** - 각종 육수에 간장으로 국물 맛을 낸 라멘
- **시오라멘** - 소금으로 국물 맛을 낸 라멘으로 맑은 국물이 특징이고 시원한 맛이다.
- **미소라멘** - 일본 된장 '미소'로 맛을 낸 라멘

오코노미야키

오코노미야키는 '좋아하는 것을 굽는다'는 뜻으로 다양한 재료가 쓰이지만 해산물이 대표적이다. 우리나라에 들어온 오코노미야키는 오-사카풍으로 우리 입맛에도 잘 맞는다. 요리사가 보는 앞에서 만들어  주는 경우도 있지만 직접 만들어 먹는 곳도 있는데 치즈나 마요네즈, 파슬리, 가츠오부시 등을 입맛에 맞게 첨가할 수 있다.

타코야키

문어가 들어간 동그란 풀빵으로 일본의 대표적인 간식거리이다. 관광지나 시내에서 쉽게 볼 수 있고 오다이바에 이름난 타코야키 분점들이 모인 박물관도 있다. 원조 타코야키는 소박한 반면 여러 소스가 가미된 것은 발전된 타코야키라 생각하면 된다.

사케

쌀로 빚은 일본식 청주로 지역마다 제조되는 사케의 종류도 다양하고 가격도 천차만별이다. 고급 사케는 와인처럼 일련번호와 제조회사, 산지, 출하연도, 도수, 재료명 등 라벨이 붙어있고 사케 소믈리에도 있는데 사케의 맛을 알려주고 고객이 선택한 요리와 어울리는 사케를 추천하는 일을 한다. 저렴한 가격의 사케팩은 초보자도 도전 해 볼만하다.

소바

메밀가루로 만든 국수를 뜨거운 국물이나 차가운 간장에 무, 파, 고추냉이를 넣고 찍어 먹는다. 일본에서는 12월 31일 소바를 먹는 풍습이 있는데 장수의 의미가 있다.
※ 야키소바는 삶은 국수에 야채, 고기 등을 넣고 볶은 요리로 메밀가루로 만들지 않고 밀가루로 만들어져 우동과 비슷하다.

일본인 식사 에티켓 Tip

제일 큰 차이점은 밥을 들고 젓가락으로 먹는 것으로, 문화의 차이가 있지만 초대를 받았다면 주의해서 먹는다.

- 밥 위에 얹어먹는 카레, 규동, 돔부리 등은 비벼 먹지 않고 살짝 떠서 먹는다.

- 라멘, 우동, 소바 등 면 요리를 먹을 때는 후루룩 소리를 내면서 먹는다. 주인장에게 '맛있다' '잘 먹고 있다' 라는 뜻이다.

- 일반 가정에서도 반찬과 요리를 개인 접시에 따로 담는 것이 보통으로 큰 그릇에 음식이 나올 경우에는 자신이 사용하던 젓가락이나 숟가락으로 음식을 덜지 말고, 전용 국자나 숟가락,  젓가락 등을 사용하고 아니면 사용하던 젓가락을 뒤집어서 사용한다.

- 일본에서 젓가락과 젓가락으로 음식을 건네주면 안 된다. 장례문화 중 유골을 젓가락으로 옮기는 풍습이 있으므로 일본인이 보면 놀랄 일이다.

- 음식을 남기는 것은 음식을 준비한 사람에게 실례라 생각하므로 음식을 주문할 때는 조금씩 추가하면서 먹는다.

食堂(しょくどう) 쇼쿠도-	식당
メニュー 메뉴-	메뉴
食事(しょくじ) 쇼쿠지	식사
注文(ちゅうもん)する 츄-몽스루	주문하다
味(あじ) 아지	맛
匙(さじ)＝スプーン 사지=수푸-ㄴ	수저
フォーク 훠-크	포크
ナイフ 나이후	나이프, 칼
箸(はし) 하시	젓가락
料理(りょうり) 료-리	요리
皿(さら) 사라	접시
持(も)って行(い)く 못테이쿠	가지고 가다
サンドイッチ 산도윗치	샌드위치
禁煙席(きんえんせき) 킹엔세키	비흡연석
ウェルダン 웰당	완전히 익힌

レア 래아	조금만 익힌
ミディウム 미듐	중간 정도만 익힘
デザート 데자-토	후식
ワイン 와잉	와인
パン 팡	빵
風俗料理(ふうぞくりょうり) 후-조쿠료-리	토속음식
料理材料(りょうりざいりょう) 료-리자이료-	음식재료
生(なま)ビール 나마비-루	생맥주
早(はや)く, 速(はや)く 하야쿠, 하야쿠	빨리
変(か)える 카에루	바꾸다
推薦(すいせん)する 수이셍수루	추천하다
必要(ひつよう)だ 히츠요-다	필요하다
後(あと)で 아토데	나중에
可能(かのう)だ 카노-다	가능한
支払(しはら)う 시하라우	지불하다

PART 04
交通
교통

단어를 바꿔가면서 말해요~

❶ 이 주소로 가주세요.

この 住所(じゅうしょ)に 行(い)ってください.

코노 쥬-쇼니 잇테쿠다사이

주소 대신 쓸 수 있는 단어
● 場所(ばしょ) 장소 ● 地域(ちいき) 지역 ● 区域(くいき) 구역 ● 地点(ちてん) 지점 ● 道(みち) 거리 ● 大通(おおどお)り 큰 길

❷ 버스터미널은 어디입니까?

バスターミナルはどこですか.

바스타-미나루와 도코데스까?

버스터미널 대신 쓸 수 있는 단어
● 駅(えき) 역　● 改札口(かいさつぐち) 개찰구 ● 搭乗口(とうじょうぐち) 탑승구 ● 出発駅(しゅっぱつえき) 출발역 ● 終着駅(しゅうちゃくえき) 종착역

❸ 식당차는 어디에 있습니까?

食堂車(しょくどうしゃ)はどこにありますか.

쇼쿠도-샤와 도코니아리마스까?

식당차 대신 쓸 수 있는 단어
● 寝台車(しんだいしゃ) 침대차 ● 荷物(にもつ)置(お)き場(ば) 화물칸 ● 喫煙席(きつえんせき) 흡연칸 ● 禁煙席(きんえんせき) 비 흡연칸

❹ 면세품 가게가 어디 있습니까?

免税店(めんぜいてん)はどこですか.

멘제-텡와 도코데스까?

> **면세품가게** 대신 쓸 수 있는 단어
> - 市場(いちば) 벼룩시장
> - 市場(しじょう) 시장
> - ギフトショップ 선물가게
> - 化粧品店(けしょうひんてん) 화장품 가게
> - 物産店(ぶっさんてん) 특산물 가게

❺ 박물관에는 어떻게 갑니까?

博物館(はくぶつかん)にはどう行(い)きますか.

하쿠부츠칸니와 도-이키마스까?

> **박물관** 대신 쓸 수 있는 단어
> - 美術館(びじゅつかん) 미술관
> - デパート 백화점
> - 名勝地(めいしょうち) 명승지
> - 故宮(こきゅう) 고궁
> - 市庁(しちょう) 시청
> - 国会議事堂(こっかいぎじどう) 국회의사당

❻ 거기에 가려면 택시 밖에 없나요?

そこに行(い)くにはタクシーしかありませんか.

소코니 이쿠니와 타쿠시- 시카아리마셍까?

> **택시** 대신 쓸 수 있는 단어
> - バス 버스
> - 地下鉄(ちかてつ) 지하철
> - 地下鉄(ちかてつ) 지하철
> - オートバイ 오토바이
> - 自転車(じてんしゃ) 자전거
> - 飛行機(ひこうき) 비행기
> - 水上飛行機(すいじょうひこうき) 수상비행기

unit 1
길묻기와 대답하기

실례합니다!

すみません!

스미마셍!

저는 여행자입니다.

私(わたし)は旅行者(りょこうしゃ)です.

와타시와 료코-샤데스

실례합니다. 잠깐 여쭙겠습니다.

すみません. ちょっとうかがいたいのですが.

스미마셍. 촛토 우카가이타이노데스가

(지도를 가리키며) 여기는 어디에 있습니까?

ここはどこですか.

코코와 도코데스까?

여기는 무슨 거리입니까?

ここは何(なん)という通(とお)りですか.

코코와 난토이우 토-리데스까?

박물관에는 어떻게 가면 됩니까?

博物館(はくぶつかん)へはどう行(い)きますか.

하쿠부츠캉에와 도-이키마스까?

역으로 가는 길을 가르쳐 주십시오.

駅(えき)までの道(みち)を教(おし)えてください.

에키마데노 미치오 오시에테 쿠다사이

여기에서 가깝습니까?

ここから近(ちか)いですか.

코코카라 치카이데스까?

거기까지 걸어서 갈 수 있습니까?

そこまで歩(ある)いて行(い)けますか.

소코마데 아루이테 이케마스까?

걸어서 몇 분 걸립니까?

歩(ある)いて何分(なんぷん)ですか.

아루이테 남풍 데스까?

거기까지 버스로 갈 수 있습니까?

そこまでバスで行(い)けますか.

소코마데 바스데 이케마스까?

거기까지 가는데 택시밖에 없나요?

そこへ行(い)くにはタクシーしかありませんか.

소코에 이쿠니와 타쿠시-시카 아리마셍까?

차이나타운은 멉니까?

チャイナタウンは遠(とお)いですか.

챠이나타웅와 토-이데스까?

거기까지 어느 정도 걸립니까?

そこまでどのくらいかかりますか.

소코마데 도노쿠라이 카카리마스까?

이 주위에 지하철역이 있습니까?

このあたりに地下鉄(ちかてつ)の駅(えき)はありますか.

코노 아타리니 치카테츠노 에키와 아리마스까?

지도에 표시해 주세요.

地図(ちず)に印(しるし)をつけてください.

치즈니 시루시오 츠케테 쿠다사이

실례합니다! 여기는 무슨 거리입니까?

すみません! ここは何(なん)という通(とお)りですか.

스미마셍! 코코와 난토이우 토-리데스까?

길을 잃었습니다.

道(みち)に迷(まよ)ってしまいました.

미치니 마욧테 시마이마시타

어디로 가는 겁니까?

どこに行(い)くのですか.

도코니 이쿠노데스까?

이 길이 아닙니까?

この道(みち)は違(ちが)いますか.

코노 미치와 치가이마스까?

미안합니다. 잘 모르겠습니다.

すみません. よくわかりません.

스미마셍. 요쿠 와카리마셍

저도 잘 모릅니다.

私(わたし)もよくわかりません.

와타시모 요쿠 와카리마셍

다른 사람에게 물어보십시오.

だれかほかの人(ひと)に聞(き)いてください.

다레카 호카노 히토니 키이테 쿠다사이

지도를 가지고 있습니까?

地図(ちず)を持(も)っていますか.

치즈오 못테 이마스까?

택시를 불러 주세요.

タクシーを呼(よ)んでください。

타쿠시-오 욘데 쿠다사이

알려주셔서 감사합니다.

ご親切(しんせつ)にありがとうございました。

고신세츠니 아리가토- 고자이마시타

unit 2
택시로 이동하기

택시승강장은 어디에 있습니까?

タクシー乗(の)り場(ば)はどこですか.

타쿠시-노리바와 도코데스까?

어디서 택시를 탈 수 있습니까?

どこでタクシーに乗(の)れますか.

도코데 타쿠시-니 노레마스까?

어디서 기다리고 있으면 됩니까?

どこで待(ま)っていればいいですか.

도코데 맛테 이레바 이-데스까?

택시!

タクシー!

타쿠시-!

우리들 모두 탈 수 있습니까?

私(わたし)たち全員(ぜんいん)乗(の)れますか.

와타시타치 젱인 노레마스까?

트렁크를 열어 주세요.

トランクを開(あ)けてください.

토랑쿠오 아케테 쿠다사이

(주소를 보이며) 이 주소로 가 주세요.

ここへ行(い)ってください.

코코에 잇테 쿠다사이

서둘러 주시겠어요?

急(いそ)いでいただけますか.

이소이데 이타다케마스까?

가장 가까운 길로 가 주세요.

いちばん近(ちか)い道(みち)で走(はし)ってください.

이치반 치카이 미치데 하싯테 쿠다사이

출입국 | 호텔 | 레스토랑 | 교통 | 관광 | 쇼핑 | 통신 | 트러블 | 귀국

여기서 세워 주세요.

ここで止(と)めてください.

코코데 토메테 쿠다사이

다음 신호에서 세워 주세요.

次(つぎ)の信号(しんごう)で止(と)めてください.

츠기노 싱고-데 토메테 쿠다사이

여기서 기다려 주시겠어요?

ここで待(ま)ってもらえませんか.

코코데 맛테 모라에마셍까?

얼마입니까?

おいくらですか.

오이쿠라데스까?

거스름돈은 됐습니다.

おつりは要(い)りません.

오츠리와 이리마셍

unit 3
버스로 이동하기

어디서 버스 노선도를 얻을 수 있습니까?

どこでバスの路線図(ろせんず)をもらえますか.

도코데 바스노 로센즈오 모라에마스까?

버스 터미널은 어디에 있습니까?

バスターミナルはどこにありますか.

바스타-미나루와 도코니 아리마스까?

표는 어디서 살 수 있습니까?

切符(きっぷ)はどこで買(か)えますか.

킵푸와 도코데 카에마스까?

매표소는 어디에 있습니까?

チケット売(う)り場(ば)はどこです.

치켓토 우리바와 도코데스까?

출입국 | 호텔 | 레스토랑 | **교통** | 관광 | 쇼핑 | 통신 | 트러블 | 귀국

어느 버스를 타면 됩니까?

どのバスに乗(の)ればいいですか.

도노 바스니 노레바 이-데스까?

갈아타야 합니까?

乗(の)り換(か)えなければなりませんか.

노리카에나케레바 나리마셍까?

여기서 내려요.

ここで降(お)ります.

코코데 오리마스

돌아오는 버스는 어디서 탑니까?

帰(かえ)りのバスはどこで乗(の)りますか.

카에리노 바스와 도코데 노리마스까?

거기에 가는 직행버스는 있나요?

そこへ行(い)く直通(ちょくつう)バスはありますか.

소코에 이쿠 쵸쿠츠-바스와 아리마스까?

unit 4
관광버스로 이동하기

넛코를 방문하는 투어는 있습니까?

日光(にっこう)のツアーはありますか.

닉코-노 츠아-와 아리마스까?

버스는 어디서 기다립니까?

バスはどこで待(ま)っていますか.

바스와 도코데 맛테이마스까?

투어는 몇 시에 어디서 시작됩니까?

ツアーは何時(なんじ)にどこから始(はじ)まりますか.

츠아-와 난지니 도코카라 하지마리마스까?

몇 시에 돌아옵니까?

何時(なんじ)に戻(もど)って来(き)ますか.
난지니 모돗테 키마스까?

호텔까지 데리러 와 줍니까?

ホテルまで迎(むか)えに来(き)てくれますか.
호테루마데 무카에니 키테 쿠레마스까?

unit 5
지하철·기차 이동하기

지하철(전철) 노선도를 주세요.

地下鉄(ちかてつ)(電車(でんしゃ))の
路線図(ろせんず)をください.
치카테츠(덴샤)노 로센즈오 쿠다사이

이 근처에 지하철역이 있습니까?

この近(ちか)くに地下鉄(ちかてつ)の
駅(えき)はありますか.
코노 치카쿠니 치카테츠노 에키와 아리마스까?

표는 어디서 삽니까?

切符(きっぷ)はどこで買(か)いますか.
킵푸와 도코데 카이마스까?

자동매표기는 어디에 있습니까?

切符販売機(きっぷはんばいき)はどこですか.

킵푸함바이키와 도코데스까?

우에노공원으로 가려면 어디로 나가면 됩니까?

上野公園(うえのこうえん)へ行(い)くにはどこから出(で)たらいいですか.

우에노 코-엥에 이쿠니와 도코카라 데타라 이-데스까?

어디서 갈아탑니까?

どこで乗(の)り換(か)えますか.

도코데 노리카에마스까?

이건 미타역에 갑니까?

これは三田駅(みたえき)へ行(い)きますか.

코레와 미타에키에 이키마스까?

간다역은 몇 번째입니까?

神田駅(かんだえき)はいくつ目(め)ですか.

칸다에키와 이쿠츠메데스까?

다음은 어디입니까?

次(つぎ)はどこですか.

츠기와 도코데스까?

이 전철은 시부야 역에 섭니까?

この電車(でんしゃ)は渋谷駅(しぶやえき)に止(と)まりますか.

코노 덴샤와 시부야에키니 토마리마스까?

이 노선의 종점은 어디입니까?

この路線(ろせん)の終点(しゅうてん)はどこですか.

코노 로센노 슈-텡와 도코데스까?

지금 어디 근처입니까?

今(いま)どのあたりですか.

이마 도노 아타리데스까?

다음은 하네다 공항입니까?

次(つぎ)は羽田(はねだ)空港(くうこう)ですか.

츠기와 하네다 쿠-코-데스까?

표를 잃어버렸습니다.

切符(きっぷ)をなくしました.

킵푸오 나쿠시마시타

지하철에 가방을 두고 내렸습니다.

地下鉄(ちかてつ)にかばんを忘(わす)れました.

치카테츠니 카방오 와스레마시타

오-사카까지 편도 티켓을 주세요.

大阪(おおさか)までの片道切符(かたみちきっぷ)をください.

오-사카마데노 카타미치 킵푸오 쿠다사이

예약 창구는 어디입니까?

予約(よやく)の窓口(まどぐち)はどこですか.

요야쿠노 마도구치와 도코데스까?

더 빠른(늦은) 열차는 있습니까?

もっと早(はや)い(遅(おそ)い)列車(れっしゃ)はありますか.

못토 하야이(오소이) 렛샤와 아리마스까?

급행열차입니까?

急行列車(きゅうこうれっしゃ)ですか.

큐-코-렛샤데스까?

3번 홈은 어디입니까?

3番(ばん)ホームはどこですか.

삼방 호-무와 도코데스까?

나고야행 열차는 어디입니까?

名古屋行(なごやゆ)きの列車(れっしゃ)はどこですか.

나고야유키노 렛샤와 도코데스까?

이건 오-사카행입니까?

これは大阪行(おおさかゆ)きですか.

코레와 오-사카유키데스까?

(표를 보여주며) 이 열차 맞습니까?

この列車(れっしゃ)でいいですか.

코노 렛샤데 이-데스까?

이 열차는 예정대로 출발합니까?

この列車(れっしゃ)は予定(よてい)どおりですか.

코노 렛샤와 요테- 도-리데스까?

창문을 열어도 되겠습니까?

窓(まど)を開(ぁ)けてもいいです.

마도오 아케테모 이-데스까?

식당차는 어디에 있습니까?

食堂車(しょくどうしゃ)はどこですか.

쇼쿠도-샤와 도코데스까?

(여객전무) 도와 드릴까요

お手伝(てつだ)いしましょうか.

오테츠다이 시마쇼-까?

오-사카까지 몇 시간 걸립니까?

大阪(おおさか)まで何時間(なんじかん)ですか.

오-사카마데 난지칸데스까?

표를 보여 주십시오.

乗車券(じょうしゃけん)を拝見(はいけん)します.

죠-샤켕오 하이켄시마스

잠시 기다려 주십시오.

ちょっと待(ま)ってください.

춋토 맛테 쿠다사이

여기는 무슨 역입니까?

ここは何駅(なにえき)ですか.

코코와 나니에키데스까?

다음 역은 무슨 역입니까?

次(つぎ)の駅(えき)は何(なに)駅(えき)ですか.

츠기노 에키와 나니 에키데스까?

unit 6
비행기로 이동하기

일본항공 카운터는 어디입니까?

日本航空(にほんこうくう)のカウンターはどこですか.

니홍코-쿠-노 카운타-와 도코데스까?

비행기 예약을 부탁합니다.

フライトの予約(よやく)お願(ねが)いします.

후라이토노 요야쿠 오네가이시마스

내일 홋카이도행 비행기 있습니까?

明日(あした)の北海道(ほっかいどう)行(ゆ)きの便(びん)はありますか.

아시타노 혹카이도 유키노 빙와 아리마스까?

일찍 가는 비행기로 부탁합니다.

早(はや)い便(びん)をお願(ねが)いします.

하야이 빙오 오네가이시마스

늦게 가는 비행기로 부탁합니다.

遅(おそ)い便(びん)をお願(ねが)いします.

오소이 빙오 오네가이시마스

성함과 편명을 말씀하십시오.

お名前(なまえ)と便名(びんめい)をどうぞ.

오나마에토 빔메-오 도-조

지금 체크인할 수 있습니까?

今(いま)チェックインできますか.

이마 쳭쿠인 데키마스까?

항공권은 가지고 계십니까?

航空券(こうくうけん)はお持(も)ちですか.

코-쿠켕와 오모치데스까?

통로 쪽으로 부탁합니다.

通路側(つうろがわ)をお願(ねが)いします.

츠-로가와오 오네가이시마스

이 짐은 기내로 가지고 갑니다.

この荷物(にもつ)は機内持(きないも)ち込(こ)みです.

코노 니모츠와 키나이모치코미데스

요금은 어떻게 됩니까?

料金(りょうきん)はどうなりますか.

료-킹와 도- 나리마스까?

몇 번 출구로 나가면 됩니까?

何番(なんばん)ゲートですか.

남방게-토데스까?

비행은 예정대로 출발합니까?

フライトは予定(よてい)どおりですか.

후라이토와 요테- 도-리 데스까?

이 짐을 맡길게요.

この荷物(にもつ)を預(あず)けます.

코노 니모츠오 아즈케마스

탑승이 시작되었나요?

搭乗(とうじょう)は始(はじ)まっていますか.

토-죠-와 하지맛테 이마스까?

unit 7
렌트카 빌려타기

(공항에서) 렌터카 카운터는 어디에 있습니까?

レンタカーのカウンターはどこですか.

렌타카-노 카운타-와 도코데스까?

어느 정도 렌트하실 예정이십니까?

どのくらいレンタルする予定(よてい)ですか.

도노쿠라이 렌타루스루 요테-데스까?

차를 3일간 빌리고 싶습니다.

車(くるま)を三日間(みっかかん)借(か)りたいです.

쿠루마오 믹카캉 카리타이데스

일주일이요.

一週間(いっしゅうかん)です.

잇슈-칸데스

이것이 제 국제운전면허증입니다.

これが私(わたし)の国際運転免許証(こくさいうんてんめんきょしょう)です.

코레가 와타시노 코쿠사이 운템 멩쿄쇼-데스

어떤 차가 있습니까?

どんな車(くるま)がありますか.

돈나 쿠루마가 아리마스까?

렌터카 목록을 보여 주시겠어요?

レンタカーリストを見(み)せてください.

렌타카- 리스토오 미세테 쿠다사이?

어떤 타입의 차가 좋으시겠습니까?

どのタイプの車(くるま)がよろしいですか.

도노 타이푸노 쿠루마가 요로시-데스까?

중형차를 빌리고 싶은데요.

中型車(ちゅうがたしゃ)を借(か)りたいのですが.

츄-가타샤오 카리타이노데스가

오토매틱밖에 운전하지 못합니다.

オートマチックしか運転(うんてん)できません.

오-토마칙쿠시카 운텐 데키마셍

선불입니까?

前払(まえばら)いですか.

마에바라이데스까?

보증금은 얼마입니까?

保証金(ほしょうきん)はいくらですか.

호쇼-킹와 이쿠라데스까?

1주간 요금은 얼마입니까?

一週間(いっしゅうかん)の料金(りょうきん)はいくらですか.

잇슈-칸노 료-킹와 이쿠라데스까?

특별요금은 있습니까?

特別料金(とくべつりょうきん)はありますか.

토쿠베츠료-킹와 아리마스까?

그 요금에 보험은 포함되어 있습니까?

その料金(りょうきん)に保険(ほけん)は含(ふく)まれていますか.

소노 료-킨니 호켕와 후쿠마레테 이마스까?

unit 8
자동차로 이동하기

긴급연락처를 알려 주세요.

緊急連絡先(きんきゅうれんらくさき)を教(おし)えてください.

킹큐-렝라쿠사키오 오시에테 쿠다사이

도로지도를 주시겠습니까?

道路地図(どうろちず)をいただけますか.

도-로치즈오 이타다케마스까?

닛코는 어느 길로 가면 됩니까?

日光(にっこう)へはどの道(みち)を行(い)けばいいですか.

닉코-에와 도노 미치오 이케바 이-데스까?

곧장입니까, 아니면 왼쪽입니까?

まっすぐですか、それとも左(ひだり)ですか.

맛스구데스까, 소레토모 히다리데스까?

하코네까지 몇 킬로미터입니까?

箱根(はこね)まで何(なん)キロですか.

하코네마데 낭키로데스까?

차로 후지산까지 어느 정도 걸립니까?

車(くるま)で富士山(ふじさん)までどのくらいかかりますか.

쿠루마데 후지삼마데 도노쿠라이 카카리마스까?

가장 가까운 교차로는 어디입니까?

いちばん近(ちか)い交差点(こうさてん)はどこですか.

이치반 치카이 코-사텡와 도코데스까?

이 근처에 주유소가 있습니까?

この近(ちか)くにガソリンスタンドはありますか.

코노 치카쿠니 가소린스탄도와 아리마스까?

가득 넣어 주세요.

満(まん)タンにしてください.

만탄니 시테 쿠다사이

여기에 주차해도 됩니까?

ここに駐車(ちゅうしゃ)してもいいですか.

코코니 츄-샤시테모 이-데스까?

배터리가 떨어졌습니다.

バッテリーがあがってしまいました.

밧테리-가 아갓테 시마이마시타

펑크가 났습니다.

パンクしました.

팡쿠시마시타

시동이 걸리지 않습니다.

エンジンがかからないんです.

엔징가 카카라나인데스

브레이크가 잘 안 듣습니다.

ブレーキのききがあまいです.

부레-키노 키키가 아마이데스

교통수단에 관한 여행정보 Tip

철도

일본의 철도는 시간이 정확한 것과 안전성이 높은 것으로 유명하다. 최대 규모의 JR(일본철도) 그룹은 국내 전역의 그물망같은 노선망을 정비하고 있다. 빠르고 쾌적한 초특급열차, 신칸센(고속철도)은 외국여행  자에게도 권하고 싶은 교통수단으로, 십여분 간격으로 토쿄에서 주요도시로 출발한다. 근거리 열차표는 각 역에 설치된 자동판매기에서 구입이 가능하고 장거리 열차표의 구입이나 예약은 역내의 미도리노 마도구치(녹색창구)에서 문의하면 된다.

※ 재팬 레일 패스(JR PASS)는 일본을 여행하는 외국인 관광객이 일본 전역의 JR및 초고속열차 '신칸센' 을 비롯한 JR의 모든 교통망을 이용할 수 있는 교통패스이다. 재팬 레일 패스는 원칙적으로는 일본에 입국한 외국인 여행자만을 대상으로 한 서비스로 해외(한국) 여행사 등을 통해서 패스교환권을 구입하여 입국 후 지정된 장소에서 재팬 레일 패스 본권으로 교환한다. 단기간에 일본 전역을 둘러보고자 하는 사람들에게는 매우 경제적이고 편리한 제도이다.

※ 지방의 재팬 레일 패스는 한정된 도시에서 이용함으로써 보다 저렴한 가격으로 여행할 수 있는 장점이 있다.

- **JR 홋카이도 레일패스**

JR 홋카이도의 모든 노선 및 JR홋카이도 버스의 일부노선을 무제한 이용(연속 3일, 5일, 플렉시블 4일권-정해진 사용기간 내에 4일을 선택하여 사용)

- **JR 이스트 패스(JR EAST PASS)**

도쿄를 기점으로 동쪽지역(홋카이도 제외)을 여행할 때 적합. (연속 5일, 10일 플렉시블 4일권, 유스-만12세~만26세까지 대인 기준 50%할인)

- **JR 웨스트 레일패스(JR WEST RAIL PASS)**

교토, 오-사카, 고베, 히메지 등 간사이 지역의 대부분의 JR의 급행 보통 열차를 승차할 수 있다.(연속 1일, 2일, 3일, 4일권)

- **JR 규슈 레일패스(KYUSHU RAIL PASS)**

규슈 지역의 JR특급 및 보통열차를 자유롭게 사용할 수 있는 패스다.(규슈 전지역 3일, 5일권, 북규슈 3일, 5일권)

지하철

일본의 요금체계는 역마다 요금이 다르기 때문에 추가요금을 내거나 표를 다시 끊어야 하고 환승 시, 일단 개찰구를 나가야 하는 역이 있다. 환승 시에는 주황색 환승 전용 개찰구를 이용하고 환승 시간이 30분을 넘으면 새로운 승차권이 필요하니 주의한다.

버스

대도시 · 지방도시에 관계 없이 다양한 회사의 정기노선 버스가 운행되고 있다. 운임은 각 회사에 따라 다르지만 시내순환버스의 경우 200엔 전후이다. 결제 시스템에는 선불과 후불,
두 종류가 있는데 타기 전에 요금을 지불할 경우 입구(入口)가 앞문에 있고 출구(出口)는 뒷문이다(선불). 구간 요금은 이동한 거리의 정산이니 뒤에서 탑승하고 번호가 적힌 티켓을 뽑아 앞문에서 내리면서 운임을 지불하고 내린다(후불).

장거리 버스

대도시나 유명관광지의 철도역을 기점으로 다양한 관광버스가 운행되고 있다. 대도시를 연결하는 시외 고속버스 노선이 잘 갖추어져 있고 신칸센보다 요금이 저렴한 반면 시간이 오래 걸
린다는 단점이 있다. 심야버스를 이용하면 숙박비를 절약할 수 있고 다양한 승차권이 있으니 일정과 노선을 고려해 구입한다. 우리나라와 달리 표 구매와 좌석예약이 구분되어 노선이 많지 않은 곳은 예약이 필수이다. 전화 또는 터미널에서 예약한다.

택시

택시는 대단히 편리한 이동수단의 하나로 일본어를 못해도 주소나 명함을 제시하면 목적지까지 정확하게 데려다 준다. 일본

택시는 친절하고 합승이 없는 반면 요금이 비싸다. 조수석 윗쪽에 적색 램프가 점등되어 있으면 빈 택시로 손을 들어 세우면 된다. 택시는 자동문이므로 문이 열릴 때까지 기다리

고 지역마다 기본요금과 가산금이 다르며 23시부터 5시까지 심야할증이 붙는다.

렌터카

공항이나 역 주변에는 렌터카 영업소가 있어 국제운전면허증과 여권을 제시하면 이용이 가능하다. 사전에 예약하는 것이 좋고 대중교통의 번거로움이 싫거나 여러 명이 여행

할 때 유용하다. 일본의 도로는 깨끗하지만 좁고 속도제한이 많으며 좌측통행이기 때문에 유의한다. 전 좌석 안전벨트를 착용해야하며 일방통행이 많고 유턴이 거의 없다. 고속도로는 유료이고 통행료가 비싸다.

일본교통 할인티켓 Tip

- 오-사카 공통1일 승차권(ONE DAY PASS)

오-사카 내의 시영 지하철, 뉴트램, 버스를 무제한 1일 이용. 문화시설 및 관광명소의 할인 특전도 있다.

- **삿포로 공통1일 승차권(1-DAY CARD)**
  삿포로 시내 지하철 및 전철, 버스(거리당 요금 적용 구간은 제외) 무제한으로 1일 이용한다.

- **간사이 쓰루토 패스(KANSAI THRU PASS)**
  간사이 전 지역의 지하철, JR 이외의 전철, 버스를 자유롭게 이용할 수 있는 패스로 주변의 관광지에서 할인혜택을 받을 수 있다.

- **오-사카 주유패스**
  오-사카 시내를 중심으로 전철과 버스를 하루 동안 이용할 수 있는 티켓으로 관광지 24개소 무료입장이 가능하고 14개의 관광시설에 할인을 받을 수 있다.

- **미나토 프리패스(MINATO BURARI TICKET)**
  지하철과 요코하마항 주변버스 1일 무제한 사용가능. 관광지 입장료 할인 특전이 있다.

- **투어 하코네**
  하코네-신주쿠간 교통 왕복권, 하코네에서의 식사, 관광 입장료 등이 포함된 1일 패키지 투어이다.

- **도쿄 관광 승차권**
  도쿄시내 JR노선과 도쿄메트로 1일 무제한 이용. 도쿄가 운영하는 지하철과 트램 버스도 이용가능하다.

- **도쿄 메트로 1일권**
  도쿄메트로 전 노선을 무제한 이용할 수 있고 나리타 공항에서 구매 가능하고 1일, 2일권이 있으며 2일권은 연속 사용만 가능하고 티켓은 구입 날짜로부터 6개월 동안 유효하다.

博物館 (はくぶつかん) 하쿠부츠캉		박물관
近 (ちか) く 치카쿠		가까운
標示 (ひょうじ) する 효-지수루		표시하다
失 (うしな) う 우시나우		잃다
旅行客 (りょこうきゃく) 료코-캬쿠		여행객
自分自身 (じぶんじしん) 지붕지싱		자기 자신
路線 (ろせん) 로셍		노선
お釣 (つ) り 오츠리		거스름돈
小銭 (こぜに) 코제니		잔돈
乗 (の) り換 (か) える 노리카에루		갈아타다
駅 (えき) 에키		역
もう一度 (いちど) 모-이치도		다시
帰 (かえ) る 카에루		돌아가다
自動販売機 (じどうはんばいき) 지도-함바이키		자동발매기
出口 (でぐち) 데구치		출구

公園(こうえん) 코-엥	공원
止(と)まる 토마루	서다
次(つぎ) 츠기	다음
切符(きっぷ)売(う)り場(ば) 킵푸우리바	매표소
予約(よやく)する 요야쿠수루	예약하다
乗(の)り場(ば) 노리바	승차장
パスポート=旅券(りょけん) 파스포-토=료켕	여권
借(か)りる 카리루	빌리다
ガソリンスタンド 가소링스탄도	주유소
リスト 리스토	목록
オート 오-토	자동
料金(りょうきん) 료-킹	요금
保険(ほけん) 호켕	보험
価格(かかく) 카카쿠	가격
救急(きゅうきゅう) 큐-큐-	응급

PART 05
現地観光
현지관광

단어를 바꿔가면서 말해요~

① 관광 안내 브로슈어가 있습니까?

観光(かんこう)案内(あんない)の パンフレット が ありますか.

캉코- 안나이노 팡후렛토가 아리마스까?

브로슈어 대신 쓸 수 있는 단어
- ガイドブック＝ハンドブック 안내 책
- 案内図(あんないず) 안내도
- パンフレット 팜플렛

② 경치가 좋은 곳을 아십니까?

景色(けしき)のいいところを御存(ごぞん) じですか.

케시키노 이-토코로오 고존지데스까?

경치 대신 쓸 수 있는 단어
- 景観(けいかん)＝いい眺(なが)め 경관
- 壮観(そうかん)＝壮大(そうだい)な眺(なが)め 장관

③ 퍼레이드는 언제 있습니까?

パレードはいつありますか.

파레-도와 이츠아리마스까?

퍼레이드 대신 쓸 수 있는 단어
- 公演(こうえん) 공연
- コンサート 콘서트
- ミュージカル 뮤지컬
- オペラ 오페라
- 演劇(えんげき) 연극

❹ 그 관광은 매일 있습니까?

そのツアーは毎日(まいにち)ありますか.

소노 츠아-와 마이니치 아리마스까?

관광 대신 쓸 수 있는 단어

- 市内観光(しないかんこう) 시내 관광
- 夜間観光(やかんかんこう) 야간관광
- 行事(ぎょうじ) 행사
- フェステーバル 페스티벌
- ディナーショー 디너 쇼
- 特別行事(とくべつぎょうじ) 특별 행사

❺ 말을 타보고 싶은데요.

馬(うま)に乗(の)ってみたいんですが.

우마니 놋테 미타인데스가

말 대신 쓸 수 있는 단어

- スキー 스키
- 水上(すいじょう)スキー 수상스키
- スキューバーダイビング 스쿠버 다이빙
- ハングライダー 행글라이더
- ヘログライデング 패러글라이딩

❻ 초보자에게도 괜찮습니까?

初歩者(しょほしゃ)にでも大丈夫(だいじょうぶ)ですか.

쇼호샤니데모 다이죠-부데스까?

초보자 대신 쓸 수 있는 단어

- 上級者(じょうきゅうしゃ) 상급자
- 中級者(ちゅうきゅうしゃ) 중급자
- 初級者(しょきゅうしゃ) 초급자
- 熟練者(じゅくれんしゃ) 숙련자

unit 1
관광 안내소

관광안내소는 어디에 있습니까?

観光案内所(かんこうあんないしょ)はどこですか.

캉코-안나이쇼와 도코데스까?

이 도시의 관광안내 팸플릿이 있습니까?

この町(まち)の観光案内(かんこうあんない)パンフレットはありますか.

코노 마치노 캉코-안나이 팡후렛토와 아리마스까?

무료 시내지도는 있습니까?

無料(むりょう)の市街地図(しがいちず)はありますか.

무료-노 시가이치즈와 아리마스까?

관광지도를 주세요.

観光地図(かんこうちず)をください.

캉코-치즈오 쿠다사이

여기서 볼 만한 곳을 가르쳐 주세요.

ここの見(み)どころを教(おし)えてください.

코코노 미도코로오 오시에테 쿠다사이

당일치기로 어디에 갈 수 있습니까?

日帰(ひがえ)りではどこへ行(い)けますか.

히가에리데와 도코에 이케마스까?

경치가 좋은 곳을 아십니까?

景色(けしき)のいいところをご存(ぞん)じですか.

케시키노 이- 토코로오 고존지데스까?

거기에 가려면 투어에 참가해야 합니까?

そこへ行(い)くにはツアーに参加(さんか)しなくてはなりませんか.

소코에 이쿠니와 츠아-니 상카시나쿠테와 나리마셍까?

여기서 표를 살 수 있습니까?

ここで切符(きっぷ)が買(か)えますか.

코코데 킵푸가 카에마스까?

할인 티켓은 있나요?

割引(わりびき)チケットはありますか.

와리비키 치켓토와 아리마스까?

지금 축제는 하고 있나요?

今(いま)お祭(まつ)りをしていますか.

이마 오마츠리오 시테이마스까?

여기서 걸어서 갈 수 있습니까?

ここから歩(ある)いて行(い)けますか.

코코카라 아루이테 이케마스까?

왕복으로 어느 정도 시간이 걸립니까?

往復(おうふく)でどのくらいかかりますか.

오-후쿠데 도노쿠라이 카카리마스까?

unit 2 투어로 관광하기

관광버스 투어는 있습니까?

観光(かんこう)バスツアーはありますか.

캉코바스 츠아-와 아리마스까?

투어는 매일 있습니까?

ツアーは毎日(まいにち)出(で)ていますか.

츠아-와 마이니치 데테 이마스까?

오전(오후) 코스는 있습니까?

午前(ごぜん)(午後(ごご))のコースはありますか.

고젠(고고)노 코-스와 아리마스까?

야간관광은 있습니까?

ナイトツアーはありますか.

나이토 츠아-와 아리마스까?

투어는 몇 시간 걸립니까?

ツアーは何時間(なんじかん)かかりますか.

츠아-와 난지캉 카카리마스까?

식사는 나옵니까?

食事(しょくじ)は付(つ)いていますか.

쇼쿠지와 츠이테 이마스까?

몇 시에 출발합니까?

出発(しゅっぱつ)は何時(なんじ)ですか.

슙파츠와 난지데스까?

어디서 출발합니까?

どこから出(で)ますか.

도코카라 데마스까?

한국어 가이드는 있나요?

韓国語(かんこくご)のガイドは付(つ)きますか.

캉코쿠고노 가이도와 츠키마스까?

요금은 얼마입니까?

料金(りょうきん)はいくらですか.

료-킹와 이쿠라데스까?

자유시간은 있나요?

自由時間(じゆうじかん)はありますか.

지유-지캉와 아리마스까?

저것은 무엇입니까?

あれは何(なん)ですか.

아레와 난데스까?

여기서 얼마나 머뭅니까?

ここでどのくらい止(と)まりますか.

코코데 도노쿠라이 토마리마스까?

몇 시에 버스로 돌아오면 됩니까?

何時(なんじ)にバスに戻(もど)ればいいですか.

난지니 바스니 모도레바 이-데스까?

시간은 어느 정도 있습니까?

時間(じかん)はどのくらいありますか.

지캉와 도노쿠라이 아리마스까?

전망대는 어떻게 올라갑니까?

展望台(てんぼうだい)へはどこから上(あ)がるのですか.

템보-다이에와 도코카라 아가루노데스까?

저 건물은 무엇입니까?

あの建物(たてもの)は何(なん)ですか.

아노 타테모노와 난데스까?

누가 여기에 살았습니까?

誰(だれ)が住(す)んでいましたか.

다레가 슨데이마시타까?

언제 세워졌습니까?

いつごろ建(た)てられたのですか.

이츠고로 다테라레타노데스까?

퍼레이드는 언제 있습니까?

パレードはいつありますか.

파레-도와 이츠 아리마스까?

그림엽서는 어디서 삽니까?

絵(え)ハガキはどこで買(か)えますか.

에하가키와 도코데 카에마스까?

기념품 가게는 어디에 있습니까?

おみやげ店(てん)はどこですか.

오미야게텐와 도코데스까?

기념품으로 인기 있는 것은 무엇입니까?

おみやげで人気(にんき)があるのは何(なん)ですか.

오미야게데 닝키가 아루노와 난데스까?

이 박물관의 오리지널 상품입니까?

この博物館(はくぶつかん)のオリジナル商品(しょうひん)ですか.

코노 하쿠부츠칸노 오리지나루 쇼-힌데스까?

출입국 | 호텔 | 레스토랑 | 교통 | **관광** | 쇼핑 | 통신 | 트러블 | 귀국

unit 3
관람티켓 구입하기

티켓은 어디서 삽니까?

チケットはどこで買(か)えますか.

치켓토와 도코데 카에마스까?

입장료는 얼마입니까?

入場料(にゅうじょうりょう)はいくらですか.

뉴-죠-료-와 이쿠라데스까?

어른 2장 주세요.

大人(おとな)2枚(まい)ください.

오토나 니마이 쿠다사이

학생 1장 주세요.

学生(がくせい)1枚(まい)ください.

각세- 이치마이 쿠다사이

단체할인은 있습니까?

団体割引(だんたいわりびき)はありますか.

단타이 와리비키와 아리마스까?

이 티켓으로 모든 전시를 볼 수 있습니까?

このチケットですべての展示(てんじ)が見(み)られますか.

코노 치켓토데 스베테노 텐지가 미라레마스까?

오늘 표는 아직 있습니까?

今日(きょう)の切符(きっぷ)はまだありますか.

쿄-노 킵푸와 마다 아리마스까?

여기서 티켓을 예약할 수 있나요?

ここでチケットの予約(よやく)ができますか.

코코데 치켓토노 요야쿠가 데키마스까?

내일 밤 표를 2장 주세요.

明日(あした)の晩(ばん)の切符(きっぷ)を2枚(まい)お願(ねが)いします.

아시타노 반노 킵푸오 니마이 오네가이시마스

가장 싼 자리는 얼마입니까?

一番(いちばん)安(やす)い席(せき)はいくらですか.

이치방 야스이 세키와 이쿠라데스까?

가장 좋은 자리를 주세요.

一番(いちばん)いい席(せき)をください.

이치방 이- 세키오 쿠다사이

무료 팸플릿은 있습니까?

無料(むりょう)のパンフレットはありますか.

무료-노 팡후렛토와 아리마스까?

짐을 맡아 주세요.

荷物(にもつ)を預(あず)かってください.

니모츠오 아즈캇테 쿠다사이

관내를 안내할 가이드는 있습니까?

館内(かんない)を案内(あんない)するガイドはいますか.

칸나이오 안나이스루 가이도와 이마스까?

이 그림은 누가 그렸습니까?

この絵(え)は誰(だれ)が描(か)いたのですか.

코노 에와 다레가 카이타노데스까?

그 박물관은 오늘 엽니까?

その博物館(はくぶつかん)は今日(きょう)開(あ)いていますか.

소노 하쿠부츠캉와 쿄- 아이테 이마스까?

재입관할 수 있습니까?

再入館(さいにゅうかん)できますか.

사이뉴-칸 데키마스까?

내부를 견학할 수 있습니까?

内部(ないぶ)は見学(けんがく)できますか.

나이부와 켕가쿠 데키마스까?

출구는 어디입니까?

出口(でぐち)はどこですか.

데구치와 도코데스까?

오늘밤에는 무엇을 상영합니까?

今夜(こんや)の上演(じょうえん)は何(なん)ですか.

콩야노 죠-엥와 난데스까?

재미있습니까?

面白(おもしろ)いですか.

오모시로이데스까?

누가 출연합니까?

誰(だれ)が出演(しゅつえん)するのですか.

다레가 슈츠엔스루노데스까?

몇 시에 시작됩니까?

何時(なんじ)に始(はじ)まりますか.

난지니 하지마리마스까?

이번 주 클래식 콘서트는 없습니까?

今週(こんしゅう)クラシックコンサートはありませんか.

콘슈- 쿠라식쿠 콘사-토와 아리마셍까?

unit 4
기억에 남는 사진촬영

출입국 | 호텔 | 레스토랑 | 교통 | **관광** | 쇼핑 | 통신 | 트러블 | 귀국

여기서 사진을 찍어도 됩니까?

ここで写真(しゃしん)を撮(と)ってもいいですか.

코코데 샤싱오 톳테모 이-데스까?

여기서 플래시를 사용해도 됩니까?

ここでフラッシュを使(つか)ってもいいですか.

코코데 후랏슈오 츠캇테모 이-데스까?

비디오 촬영을 해도 됩니까?

ビデオ撮影(さつえい)してもいいですか.

비데오 사츠에- 시테모 이-데스까?

당신 사진을 찍어도 되겠습니까?

あなたの写真(しゃしん)を撮(と)ってもいいですか.

아나타노 샤싱오 톳테모 이-데스까?

함께 사진을 찍으시겠습니까?

一緒(いっしょ)に写真(しゃしん)を撮(と)ってください.

잇쇼니 샤싱오 톳테 쿠다사이

사진 좀 찍어 주시겠어요?

私(わたし)の写真(しゃしん)を撮(と)ってください.

와타시노 샤싱오 톳테 쿠다사이

여기서 우리들을 찍어 주십시오.

ここから私(わたし)たちを撮(と)ってください.

코코카라 와타시타치오 톳테 쿠다사이

한 장 더 부탁합니다.

もう一枚(いちまい)お願(ねが)いします.

모- 이치마이 오네가이 시마스

주소를 여기서 적어 주세요.

住所(じゅうしょ)をここに書(か)いてください.

쥬-쇼오 코코니 카이테 쿠다사이

나중에 사진을 보내드리겠습니다.

あとで写真(しゃしん)を送(おく)ります.

아토데 샤싱오 오쿠리마스

건전지는 어디서 살 수 있나요?

電池(でんち)はどこで買(か)えますか.

덴치와 도코데 카에마스까?

이것을 현상해 주세요.

これを現像(げんぞう)してください.

코레오 겐조-시테 쿠다사이

인화를 부탁합니다.

焼(や)き増(ま)しをお願(ねが)いします.

야키마시오 오네가이 시마스

unit 5
재미난 흥밋거리

좋은 나이트클럽은 있나요?

いいナイトクラブはありますか.

이- 나이토쿠라부와 아리마스까?

디너쇼를 보고 싶은데요.

ディナーショーを見(み)たいのですが.

디나-쇼-오 미타이노데스가

오늘밤 리사이틀은 몇 시부터 합니까?

今晩(こんばん)のリサイタルは何時(なんじ)からですか.

콤반노 리사이타루와 난지카라데스까?

이건 무슨 쇼입니까?

これはどんなショーですか.

코레와 돈나 쇼-데스까?

함께 춤추시겠어요?

一緒(いっしょ)に踊(おど)りませんか.

잇쇼니 오도리마셍까?

무대 근처 자리로 주시겠어요?

舞台(ぶたい)の近(ちか)くの席(せき)を下(くだ)さいませんか.

부타이노 치카쿠노 세키오 쿠다사이마셍까?

이 가게에 가라오케는 있습니까?

この店(みせ)にカラオケはありますか.

코노 미세니 카라오케와 아리마스까?

기본은 몇 시간입니까?

基本(きほん)は何時間(なんじかん)ですか.

키홍와 난지칸데스까?

요금은 얼마입니까?

料金(りょうきん)はいくらですか.

료-킹와 이쿠라데스까?

한국 노래는 있습니까?

韓国(かんこく)の曲(きょく)はありますか.

캉코쿠노 쿄쿠와 아리마스까?

노래를 잘 하시는군요.

歌(うた)が上手(じょうず)ですね.

우타가 죠-즈데스네

파친코는 몇 시부터 합니까?

パチンコは何時(なんじ)からですか.

파칭코와 난지카라데스까?

좋은 파친코 가게를 소개해 주시겠어요?

いいパチンコ屋(や)を紹介(しょうかい)してください.

이- 파칭코야오 쇼-카이시테 쿠다사이?

파친코는 아무나 들어갈 수 있습니까?

パチンコ屋(や)へは誰(だれ)でも
入(はい)れますか.

파칭코야에와 다레데모 하이레마스까?

구슬은 어떻게 바꿉니까?

玉(たま)はどうやって交換(こうかん)し
ますか.

타마와 도-얏테 코-칸시마스까?

남은 구슬은 현금으로 바꾸고 싶은데요.

残(のこ)った玉(たま)を現金(げんきん)に
変(か)えたいんですが.

노콧타 타마오 겡킨니 카에타인데스가

unit 6
레저를 즐길때

오늘 프로야구 시합은 있습니까?

今日(きょう)プロ野球(やきゅう)の
試合(しあい)はありますか.

쿄- 푸로야큐-노 시아이와 아리마스까?

어디서 합니까?

どこで行(おこな)われますか.

도코데 오코나와레마스까?

몇 시부터입니까?

何時(なんじ)からですか.

난지카라데스까?

어느 팀의 시합입니까?

どのチームの試合(しあい)ですか.

도노 치-무노 시아이데스까?

표는 어디서 삽니까?

切符(きっぷ)はどこで買(か)いますか.

킵푸와 도코데 카이마스까?

스키를 타고 싶은데요.

スキーが乗(の)りたいのですが.

스키-가 노리타이노데스가

레슨을 받고 싶은데요.

レッスンを受(う)けたいのですが.

렛승오 우케타이노데스가

스키용품은 어디서 빌릴 수 있나요?

スキー用具(ようぐ)はどこで借(か)りることができますか.

스키- 요-구와 도코데 카리루 코토가 데키마스까?

리프트 승강장은 어디인가요?

リフト乗(の)り場(ば)はどこです.

리후토 노리바와 도코데스까?

일본관광 알짜정보 Tip

도쿄

일본의 수도로 정치, 경제의 중심지. 전형적인 도시의 모습이면서 전통을 고스란히 간직한 산사가 공존하는 화려한 문화의 산물이다.

신주쿠

도쿄 제일의 번화가로 서울의 명동과 비슷하다. 도쿄 관광의 1순위이자 일본 제일의 번화가로 대형백화점과 쇼핑거리가 주를 이루고 있다. 명소는 유흥가 가부키쵸와 황실 정원이었던 신주쿠 쿄엔은 4월 벚꽃과 11월 국화꽃 필 때 가장 아름답다. 그 외 도쿄도청 위의 전망대는 무료이다.

하라주쿠

신주쿠와 함께 도쿄를 방문하는 여행자들이 가장 많이 찾는 하라주쿠. 패션의 1번지로 꼽히는 젊음의 거리로 독특한 디자인의 점포가 많고 파리를 연상케 하는 노천카페나 부티크는 다른 곳에서 찾아볼 수 없는 색다른 매력을 선사한다. 특히 차가 통제

되는 주말이면 많은 젊은이가 모여 각종 연주나 공연이 펼쳐지고 운이 좋다면 코스프레도 구경할 수 있다.

시부야

최첨단 유행의 발상지이자 소비의 거리로 밤낮을 가리지 않고 수많은 인파가 몰리는 이유도 이와 무관하지 않다. 지금도 새로운 명소가 쉴 새 없이 나타나고 사라지는 등 시부야의 발전은  언제나 현재진행형이다. 사람도 많고 볼거리도 많아 몇 시간 만에 모두 둘러보려고 욕심을 내면 지칠 수밖에 없으니 관심이 있거나 사고 싶은 것을 미리 확인하고 취향에 따라 몇 곳을 집중적으로 둘러보는 것이 방법이다.

오다이바

19세기 중반 서양 함선을 방어하기 위해 대포를 설치한 인공섬에서 현재는 젊은이들의 데이트 코스로 가장 많은 사랑을 받고 있는 오다이바는 도쿄의 이미지를 가장 선명하게 보여주는 곳  이다. 명소로는 유럽을 옮겨 놓은 듯한 복합 쇼핑몰 비너스포트와 야경이 아름다운 레인보우브릿지가 있다.

아사쿠사

현대화의 극치를 달리는 도쿄에서 전통적인 색깔을 간직한 아사쿠사는 신사와 절, 불상 등이 잘 보존되어 있어 우리의 인사동과 비슷하다. 또한 전통적인 손맛을 느낄 수 있는 맛집들과  서민의 정서가 가득한 상점가와 주점 거리, 전통 공연장들이 골목골목 숨어 있어 걸으면 걸을수록 매력이 느껴진다. 일본 인력거 '징리키샤'도 볼 수 있다.

오키나와

아시아의 하와이로 불리는 오키나와는 오키나와현에서 가장 크고 중심이 되는 섬으로, 아름다운 산호초와 에메랄드 빛 바다로 복잡한 도시에서 벗어나 자연과 함께 휴식을 취하고픈 여행자에게 추천한다.

만좌모

18세기 류큐왕국의 쇼케이 왕이 '만 명이 앉아도 될 넉넉한 벌판'이라 감탄하여 만좌모라 불리게 되었다고 한다. 석회암이 침식되어 만들어진 절벽과 푸른 바다가 어우러진 모습은 오키나와 최고의 풍경으로 손꼽힌다.

츄라우미 수족관

오키나와 해양 엑스포 공원 내에 위치하고 있는 츄라우미 수족관은 세계적 규모를 자랑하고 있어 보는 사람으로 하여금 놀라움과 감탄을 자아낸다. 또한 다양한 체험장을 통해 바다의 신비로  움을 시각적, 촉각적으로 만족시켜 준다. 수족관은 산호의 바다, 열대어의 바다, 심해의 바다, 위험천만한 상어의 바다, 난류의 바다 등 5가지 테마로 나뉘어져 있다.

슈리성

슈리는 류큐왕국의 수도였다. 외관의 주조색이 붉은 색이어서 언뜻 중국풍 느낌이 나는데, 실제로 중국과 일본의 문화를 융합한 새로운 건축양식으로 지은 건물이다. 세계문화유산에 등재  되어 있으며 류큐만의 독특한 문화가 새로운 풍광을 자아낸다.

교토

도쿄가 현대 일본의 상징이라면 교토는 일본 역사의 상징으로 경제, 문화의 중심지이자 국제적인 관광도시로 일본의 전통을 고스란히 간직한 도시이다.

키요미즈데라(청수사)

순수하고 깨끗한 물이라는 뜻의 사원으로 절벽 위에 지어진 사찰이다. 안에는 사랑을 이루어준다는 지슈 신사와 마시면 건강, 학업, 연애에 효험이 있다는 오토와 폭포가 있고 지슈 벚꽃

이 유명하다. 청수사가는 길에 산넨자카 거리가 나오는데 소박한 소품들과 먹거리 등을 파는 가게가 많고 '산넨자카 거리에서 넘어지면 3년 안에 재앙이 찾아온다' 는 재미난 속설이 있다.

킨카쿠지(금각사)

부처의 사리를 모신 2층과 3층 누각에 금박을 입힌 누각이 잔잔한 연못에 반영되어 아름다움을 더한다. 미시마 유키오의 소설 금각사로 유명해 졌다거나 킨카쿠지에 대한 평이 분분하지만

소설에서 처럼 금각사는 아름다움의 상징이면서 동시에 속세와 두절시키는 힘이다.

은각사와 철학자의 길

은각사가는 길에 철학자의 길이 있으니 일석이조이다. 화려함이나 웅장함은 없지만 소박한 오솔길을 묵묵히 걷다보면 일본 특유의 정원

건축으로 지어진 은각사를 만나게 된다. 모래정원과 모래탑이 유명하고 금각사와는 다른 단아함이 있다.
철학자의 길에서 만날 수 있는 보너스로 요지야카페가 있는데 조용하고 차분한 정원과 그린티라떼가 유명하다. 정원 안쪽에 요지야 화장품도 판매하고 있다.

기온거리

'고색창연하다', '일본의 전통 문화를 만끽할 수 있다' 등의 수식어가 붙는 기온거리는 전통가옥을 개조한 찻집과 과자점, 기념품 가게 등이 많다. 키요미즈데라, 은각사와 가까운 거
리에 위치해 있고 운이 좋다면 해 질녘의 기온거리에서 게이샤를 만날 수 있다.

POINT WORDS

情報 (じょうほう)	죠-호-	정보
観光 (かんこう)	캉코-	관광
興味 (きょうみ) がある	쿄-미가아루	흥미있는
参加 (さんか) する	상카수루	참가하다
割引 (わりびき)	와리비키	할인
お祭 (まつ) り	오마츠리	축제
毎日 (まいにち)	마이니치	매일
終 (お) える	오에루	끝내다
道案内者 (みちあんないしゃ)	미치안나이샤	인도자
山 (やま)	야마	산
展望台 (てんぼうだい)	템보-다이	전망대
建物 (たてもの)	타테모노	건물
生 (い) きる	이키루	살다
行進 (こうしん)	코-싱	행진
写真 (しゃしん)	샤싱	사진

POINT WORDS

葉書(はがき)	하가키	엽서
記念品(きねんひん)	키넹힝	기념품
オリジナル	오리지나루	원래의
立場(たちば)	타치바	입장
料金(りょうきん)	료-킹	요금
大人(おとな)	오토나	어른
学生(がくせい)	가쿠세이	학생
団体(だんたい)	단타이	단체
描(えが)く	에가쿠	그리다
再入場(さいにゅうじょう)	사이뉴-죠-	재입장
内部(ないぶ)	나이부	내부
現(あらわ)れる	아라와레루	나타나다
ミュージカル	뮤-지카루	뮤지컬
古典的(こてんてき)	코텐테키	고전적인
デスカウント	디스카운토	할인

단어를 바꾸가면서 말해요~

① 어디에서 기념품을 살 수 있습니까?

どこで記念品(きねんひん)が買(か)えますか.

도코데 키넹힝가 카에마스까?

기념품 대신 쓸 수 있는 단어
● 贈(おく)り物(もの) 선물　● 花(はな) 꽃
● 玩具(おもちゃ) 장난감　● ケーキ 케익
● 衣類(いるい) 의류　● 旅行鞄(りょこうかばん) 여행가방

② 블라우스를 찾고 있습니다.

ブラウスを探(さが)しています.

부라우스오 사가시테이마스

블라우스 대신 쓸 수 있는 단어
● 紳士服(しんしふく) 남성의류　● シャツ 셔츠
● スカート 치마　● パジャマ 잠옷
● 背広(せびろ) 남자정장　● スーツ 여자정장

③ 샤넬은 있습니까?

シャネルはありますか.

샤네루와 아리마스까?

샤넬 대신 쓸 수 있는 단어
● ランベン 랑방　● ベルサチェ 베르사체
● ブルガリ 불가리　● グッチ 구찌
● ニナリッチ 니나리찌　● モスキノ 모스키노

❹ 아내에게 선물 할 것을 찾고 있습니다.

妻(つま)にあげるプレゼント**を探(さが)
しています.**

츠마니 아게루 프레젠토오 사가시테이마스

아내 대신 쓸수 있는 단어
● 息子(むすこ) 아들 ● 娘(むすめ) 딸
● 弟(おとうと) 남동생 ● 妹(いもうと) 여동생
● 従兄弟(いとこ) 사촌 ● お祖母(ばあ)さん 할머니

❺ 면으로 된 것이 필요한데요.

綿(めん)のがほしいんですが.

멘노가 호시잉데스가

면 대신 쓸수 있는 단어
● 絹(きぬ)=シルク 실크 ● リンネル 아마포
● ポリエステル 폴리에스터 ● 人絹(じんけん) 인조견
● 綿布(めんぷ) 면포 ● ナイロン 나이론

❻ 이 색은 좋아하지 않습니다.

この色(いろ)は好(す)きじゃありません.

코노 이로와 수키쟈 이리마셍

색 대신 쓸수 있는 단어
● スタイル 스타일 ● デザイン 디자인
● 品質(ひんしつ) 품질 ● 模様(もよう) 무늬
● 模様(もよう) 모양 ● ブレンド 브랜드

unit 1
쇼핑샵 찾아가기

이 도시의 쇼핑거리는 어디에 있습니까?

この町(まち)のショッピング街(がい)はどこですか.
코노 마치노 숍핑구가이와 도코데스까?

쇼핑 가이드는 있나요?

ショッピングガイドはありますか.
숍핑구 가이도와 아리마스까?

선물은 어디서 살 수 있습니까?

おみやげはどこで買(か)えますか.
오미야게와 도코데 카에마스까?

면세점은 있습니까?

免税店(めんぜいてん)はありますか.
멘제-텡와 아리마스까?

이 주변에 백화점은 있습니까?

この辺(あた)りにデパートはありますか.

코노 아타리니 데파-토와 아리마스까?

가장 가까운 슈퍼는 어디에 있습니까?

一番近(いちばんちか)いスーパーはどこですか.

이치반치카이 스-파-와 도코데스까?

세일은 어디서 하고 있습니까?

バーゲンはどこでやっていますか.

바-겐와 도코데 얏테 이마스까?

이 주변에 할인점은 있습니까?

この辺(あた)りにディスカウントショップはありますか.

코노 아타리니 디스카운토숍푸와 아리마스까?

그건 어디서 살 수 있나요?

それはどこで買(か)えますか.

소레와 도코데 카에마스까?

그 가게는 오늘 문을 열었습니까?

その店(みせ)は今日(きょう)開(あ)いていますか.

소노 미세와 쿄- 아이테 이마스까?

여기서 멉니까?

ここから遠(とお)いですか.

코코카라 토-이데스까?

몇 시에 개점합니까?

何時(なんじ)に開店(かいてん)しますか.

난지니 카이텐 시마스까?

몇 시에 폐점합니까?

何時(なんじ)に閉店(へいてん)しますか.

난지니 헤-텐 시마스까?

영업시간은 몇 시부터 몇 시까지입니까?

営業時間(えいぎょうじかん)は何時(なんじ)から何時(なんじ)までですか.

에-교-지캉와 난지카라 난지마데 데스까?

unit 2
원하는 물건찾기

어서 오십시오.

いらっしゃいませ.

이랏샤이마세

무얼 찾으십니까?

何(なに)かお探(さが)しですか.

나니카 오사가시데스까?

그냥 구경하는 겁니다.

見(み)ているだけです.

미테이루 다케데스

좀 보고 있습니다.

ちよつと見(み)せてもらっています.

춋토 미세테 모랏테이마스

필요한 것이 있으시면 말씀하십시오.

何(なに)かご用(よう)がありましたら、お知(し)らせください.

나니카 고요-가 아리마시타라, 오시라세 쿠다사이

여기요. 잠깐 볼까요?

すみません. お願(ねが)いします.

스미마셍. 오네가이시마스

여기 잠깐 봐 주시겠어요?

ちょっとよろしいですか.

춋토 요로시-데스까?

블라우스를 찾고 있습니다.

ブラウスを探(さが)しています.

부라우스오 사가시테 이마스

코트를 찾고 있습니다.

コートを探(さが)しているのです.

코-토오 사가시테 이루노데스

운동화를 사고 싶은데요.

スニーカーを買(か)いたいのです.

스니-카-오 카이타이노데스

아내에게 선물할 것을 찾고 있습니다.

妻(つま)へのプレゼントを探(さが)しています.

츠마에노 푸레젠토오 사가시테 이마스

캐주얼한 것을 찾고 있습니다.

カジュアルなものを探(さが)しています.

카쥬아루나 모노오 사가시테 이마스

선물로 적당한 것은 없습니까?

何(なに)かおみやげに適当(てきとう)な物(もの)はありませんか.

나니카 오미야게니 테키토-나 모노와 아리마셍까?

저걸 보여 주세요.

あれを見(み)せてください.

아레오 미세테 쿠다사이

면으로 된 것이 필요한데요.

綿素材(めんそざい)のものが欲(ほ)しいんですが.

멘 소자이노 모노가 호시인데스가

이것과 같은 것은 있습니까?

これと同(おな)じものはありますか.

코레토 오나지 모노와 아리마스까?

이것뿐입니까?

これだけですか.

코레다케데스까?

이것 6호는 있습니까?

これの6号(ごう)はありますか.

코레노 로쿠 고- 와 아리마스까?

30세 정도의 남자에게는 뭐가 좋을까요?

30歳(さい)くらいの男性(だんせい)には何(なに)がいいですか.

산쥿사이 쿠라이노 단세-니와 나니가 이-데스까?

어느 것이 좋을까요?

どれがいいと思(おも)いますか.

도레가 이-토 오모이마스까?

둘 다 좋아요. 망설여지네요.

両方(りょうほう)ともいいです. 迷(まよ)ってしまいますね.

료-호-토모 이-데스. 마욧테 시마이마스네

그걸 봐도 될까요?

それを見(み)てもいいですか.

소레오 미테모 이-데스까?

몇 가지 보여 주세요.

いくつか見(み)せてください.

이쿠츠카 미세테 쿠다사이

다른 것을 보여 주시겠어요?

別(べつ)のものを見(み)せていただけますか.

베츠노 모노오 미세테 이타다케마스까?

unit 3 색상과 디자인

무슨 색이 있습니까?

何色(なにいろ)がありますか.

나니이로가 아리마스까?

빨간 것은 있습니까?

赤(あか)いのはありますか.

아카이노와 아리마스까?

너무 화려(수수)합니다.

派手(はで)(地味(じみ))すぎます.

하데(지미)스기마스

더 수수한 것은 있습니까?

もっと地味(じみ)なのはありますか.

못토 지미나노와 아리마스까?

이 색은 좋아하지 않습니다.

この色(いろ)は好(す)きではありません.

코노 이로와 스키데와 아리마셍

다른 스타일은 있습니까?

ほかのスタイルはありますか.

호카노 스타이루와 아리마스까?

어떤 디자인이 유행하고 있습니까?

どんなデザインが流行(りゅうこう)していますか.

돈나 데자잉가 류-코-시테 이마스까?

이런 디자인은 좋아하지 않습니다.

このデザインは好(す)きではありません.

코노 데자잉와 스키데와 아리마셍

다른 디자인은 있습니까?

他(ほか)のデザインはありますか.

호카노 데자잉와 아리마스까?

디자인이 비슷한 것은 있습니까?

デザインが似(に)ているものはありますか.

데자잉가 니테이루 모노와 아리마스까?

어떤 사이즈를 찾으십니까?

どのサイズをお探(さが)しですか.

도노 사이즈오 오사가시데스까?

사이즈는 이것뿐입니까?

サイズはこれだけですか.

사이즈와 코레다케데스까?

제 사이즈를 모르겠는데요.

自分(じぶん)のサイズがわからないのですが.

지분노 사이즈가 와카라나이노데스가

사이즈를 재주시겠어요?

サイズを計(はか)っていただけますか.

사이즈오 하캇테 이타다케마스까?

더 큰 것은 있습니까?

もっと大(おお)きいのはありますか.

못토 오-키-노와 아리마스까?

재질은 무엇입니까?

材質(ざいしつ)は何(なん)ですか.

자이시츠와 난데스까?

질은 괜찮습니까?

質(しつ)はいいですか.

시츠와 이-데스까?

이건 실크 100%입니까?

これはシルク100%ですか.

코레와 시루쿠 햐쿠 파-센토데스까?

이건 수제입니까?

これはハンドメイドですか.

코레와 한도메이도데스까?

unit 4
백화점과 면세점

신사복 매장은 몇 층입니까?

紳士服売場(しんしふくうりば)は
何階(なんがい)ですか.

신시후쿠우리바와 낭가이데스까?

여성용 매장은 어디에 있습니까?

婦人服売場(ふじんふくうりば)はどこですか.

후징후쿠우리바와 도코데스까?

화장품은 어디서 살 수 있습니까?

化粧品(けしょうひん)はどこで買(か)えますか.

케쇼-힝와 도코데 카에마스까?

저기에 디스플레이 되어 있는 셔츠는 어디에 있습니까?

あそこに飾(かざ)ってあるシャツはどこにありますか.

아소코니 카잣테 아루 샤츠와 도코니 아리마스까?

세일하는 물건을 찾고 있습니다.

バーゲン品(ひん)を探(さが)しています.

바-겡힝오 사가시테이마스

다른 상품을 보여 주세요.

他(ほか)の商品(しょうひん)を見(み)せてください.

호카노 쇼-힝오 미세테 쿠다사이

예산은 어느 정도이십니까?

ご予算(よさん)はおいくらぐらいでしょうか.

고요-상와 오이쿠라 구라이데쇼까?

신상품은 어느 것입니까?

新商品(しんしょうひん)はどれですか.

신쇼-힝와 도레데스까?

손질은 어떻게 하면 됩니까?

手入(てい)れはどうすればいいですか.

테이레와 도-스레바 이-데스까?

이것은 어느 브랜드입니까?

これはどこのブランドですか.

코레와 도코노 부란도데스까?

면세점은 어디에 있습니까?

免税店(めんぜいてん)はどこにありますか.

멘제-텡와 도코니 아리마스까?

얼마까지 면세가 됩니까?

いくらまで免税(めんぜい)になりますか.

이쿠라마데 멘제-니 나리마스까?

어느 브랜드가 좋겠습니까?

どのブレンドがいいです.

도노 브렌도가 이-데스까?

이 가게에서는 면세로 살 수 있습니까?

この店(みせ)では免税(めんぜい)で買(か)うことができますか.

코노 미세데와 멘제-데 카우 코토가 데키마스까?

비행기를 타기 전에 수취하십시오.

飛行機(ひこうき)に乗(の)る前(まえ)にお受(う)け取(と)りください.

히코-키니 노루 마에니 오우케토리 쿠다사이

unit 5
물건값 계산하기

계산은 어디서 합니까?

会計(かいけい)はどちらですか.

카이케-와 도치라데스까?

전부해서 얼마입니까?

全部(ぜんぶ)でいくらですか.

젬부데 이쿠라데스까?

하나에 얼마입니까?

1つ、いくらですか.

히토츠 이쿠라데스까?

이건 세일 중입니까?

これはセール中(ちゅう)ですか.

코레와 세-루츄데스까?

세금이 포함된 가격입니까?

税金(ぜいきん)が含(ふく)まれた額(がく)ですか.

제이킹가 후쿠마레타 가쿠데스까?

너무 비쌉니다.

高(たか)すぎます.

타카스기마스

깎아 주시겠어요?

負(ま)けてくれますか.

마케테 쿠레마스까?

더 싼 것은 없습니까?

もっと安(やす)い物(もの)はありませんか.

못토 야스이 모노와 아리마셍까?

깎아주면 사겠습니다.

負(ま)けてくれたら買(か)います.

마케테 쿠레타라 카이마스

현금으로 지불하면 더 싸게 됩니까?

現金払(げんきんばら)いなら安(やす)くなりますか.

겡킹바라이나라 야스쿠 나리마스까?

왜 가격이 다릅니까?

どうして値段(ねだん)が違(ちが)うんですか.

도-시테 네당가 치가운데스까?

저에게는 무리입니다.

私(わたし)には手(て)が出(で)ません.

와타시니와 테가 데마셍

조금 할인해 줄 수 있나요?

少(すこ)し割引(わりびき)できますか.

스코시 와리비키 데키마스까?

미안합니다. 다음에 올게요.

ごめんなさい. また来(き)ます.

고멘나사이. 마타키마스

이걸로 하겠습니다.

これにします.

코레니시마스

지불은 어떻게 하시겠습니까?

お支払(しはら)いはどうなさいますか.

오시하라이와 도- 나사이마스까?

카드도 됩니까?

カードで支払(しはら)いできますか.

카-도데 시하라이 데키마스까?

영수증을 주시겠어요?

領収書(りょうしゅうしょ)いただけますか.

료-슈-쇼 이타다케마스까?

unit 6
포장과 배송하기

봉지를 주시겠어요?

袋(ふくろ)いただけますか.

후쿠로 이타다케마스까?

이것을 선물용으로 포장해 주시겠어요?

これをギフト用(よう)に包(つつ)んでもらえますか.

코레오 기후토요-니 츠츤데 모라에마스까?

따로따로 포장해 주세요.

別々(べつべつ)に包(つつ)んでください.

베츠베츠니 츠츤데 쿠다사이

이것을 넣을 박스 좀 얻을 수 있나요?

これを入(い)れる箱(はこ)いただけますか.

코레오 이레루 하코 이타다케마스까?

이걸 ○○호텔까지 갖다 주시겠어요?

ホテルまでこれを届(とど)けてもらえますか.

호테루마데 코레오 토도케테 모라에마스까?

오늘 중으로 배달해 주었으면 하는데요.

今日中(きょうじゅう)に届(とど)けてほしいのですが.

쿄-쥬니 토도케테 호시이노데스가

언제 배달해 주시겠습니까?

いつ届(とど)けてもらえますか.

이츠 토도케테 모라에마스까?

별도로 요금이 듭니까?

別料金(べつりょうきん)が要(い)りますか.

베츠료-킹가 이리마스까?

이 주소로 보내 주세요.

この住所(じゅうしょ)に送(おく)ってください.

코노 쥬-쇼니 오쿳테 쿠다사이

이 가게에서 한국으로 발송해 주실 수 있나요?

この店(みせ)から韓国(かんこく)に
発送(はっそう)してもらえますか.

코노 미세카라 캉코쿠니 핫소-시테 모라에마스까?

한국 제 주소로 보내 주시겠어요?

韓国(かんこく)の私(わたし)の住所(じゅうしょ)に送(おく)ってもらえますか.

캉코쿠노 와타시노 쥬-쇼니 오쿳테 모라에마스까?

항공편으로 부탁합니다.

航空便(こうくうびん)でお願(ねが)いします.

코-쿠-빈데 오네가이시마스

한국까지 항공편으로 며칠 정도 걸립니까?

韓国(かんこく)まで航空便(こうくうびん)で何日(なんにち)ぐらいかかりますか.

캉코쿠마데 코-쿠-빈데 난니치 구라이 카카리마스까?

항공편으로 얼마나 듭니까?

航空便(こうくうびん)でいくらぐらいかかりますか.

코-쿠-빈데 이쿠라 구라이 카카리마스까?

unit 7 반품과 환불요청

다른 것으로 바꿔 주시겠어요?

別(べつ)の物(もの)と取(と)り替(か)えていただけますか.

베츠노모노토 토리카에테 이타다케마스까?

가짜가 하나 섞여 있었습니다.

偽物(にせもの)が一(ひと)つ混(ま)ざっていました.

니세모노가 히토츠 마잣테 이마시타

새 것으로 바꿔드리겠습니다.

新(あたら)しいものとお取(と)り替(か)えします.

아타라시- 모노토 오토리카에시마스

출입국　호텔　레스토랑　교통　관광　쇼핑　통신　트러블　귀국

반품하고 싶은데요.

返品(へんぴん)したいのですが.

헴핑시타이노데스가

사이즈가 안 맞았어요.

サイズが合(あ)いませんでした.

사이즈가 아이마센데시타

구입 시에 망가져 있었습니까?

ご購入時(こうにゅうじ)に壊(こわ)れていましたか.

고코-뉴-지니 코와레테 이마시다까?

샀을 때는 몰랐습니다.

買(か)ったときには気(き)がつきませんでした.

캇타 토키니와 키가 츠키마센데시타

아직 쓰지 않았습니다.

まだ使(つか)っていません.

마다 츠캇테 이마셍

영수증은 여기 있습니다.

領収書(りょうしゅうしょ)はこれです.

료-슈-쇼와 코레데스

어제 샀습니다.

昨日(きのう)買(か)いました.

키노- 카이마시타

환불해 주시겠어요?

返金(へんきん)してもらえますか.

헹킨시테 모라에마스까?

산 물건하고 다릅니다.

買(か)ったものと違(ちが)います.

캇타 모노토 치가이마스

구입한 게 아직 배달되지 않았습니다.

買(か)ったものがまだ届(とど)きません.

캇타 모노가 마다 토도키마셍

일본쇼핑 알짜 정보 Tip

드럭스토어 Drug store

약 파는 상점이란 뜻이지만 우리나라의 편의점이나 마트정도로 생각하면 된다. 우리나라도 드럭스토어가 점차 생기는 추세로 일본 드럭스토어는 의약품, 화장품, 생활잡화, 건강식품 등을 판매하고 상점마다 가격차가 있으니 2~3군데 비교하고 구입한다.

한국에서 인기 있는 일본 드럭스토어 상품

- **동전파스** : 동전크기의 파스로 화한 느낌에 비해 피부 자극이 적다.
- **아이봉** : 안구세정제
- **휴족타임** : 발에 붙이는 파스로 피로감을 풀어준다.
- **슬림워크** : 수면 스타킹으로 다리 붓기 완화에 좋다.
- **프리티아** : 머리 염색약. 버블타입으로 머리 감는 것처럼 염색한다.
- **카베진** : 양배추 성분의 위장약
- **퍼펙트 휩 폼 클렌징** : 일본 유명 화장품회사의 얼굴세정제

※ 사용자에 따라 구매 만족도가 다르니 국내에서 구입해 사용해 보고 쇼핑하면 실패가 없다. 일본에서 구입하면 조금 더 저렴하다.

100엔샵

다이소, 세리아, 캔두는 일본 내 100엔샵 대표주자이다. 잡화점으로 우리나라에도 입점되어 있어 낯설지 않지만 더욱 다양하고 특이한 제품도 많으니 한 번 들러 볼만 하다. 기본적으로 100엔이 기본이고 우리나라와 달리 식품도 다양하게 구비되어 있다.

만다라케

일본 만화와 애니매이션 마니아라면 꼭 들러 봐야할 곳이다. 만화 헌책방이지만 애니매이션과 관련된 모든 것과 DVD, CD, 코스프레 의상 및 액세서리, 장난감과 피규어 등을 갖추고 있다. 매장 구석구석 잘 살펴보면 일반

서점에서 절판되어 구하기 힘든 책을 발견하는 행운도 얻을 수 있고 헌책방이지만 최신작도 갖추고 있다. 삿포로, 나고야, 시부야, 후쿠오카 등에 있고 한글 홈페이지도 운영 중이다.

쇼핑천국 도쿄

아키하바라

도쿄의 아키하바라는 세계 최대의 전자제품 거리로 이름 높았

던 곳으로 지금은 일본산 게임, 애니매이션, 만화의 메카로 일명 '오타쿠 문화'의 발원지가 되었다. 큰길을 따라 늘어선 대형 백화점과 골목을 가득 메운 중고 책방, 코스프레 숍, 메이드 카페 등을 방문하기 위해 연간 수백만 명의  여행객이 아키하바라를 찾는다. 예전만큼은 아니지만, 여전히 전자제품의 명소로 자리매김하고 있어 컴퓨터 부품, 오디오 관련 부품, 각종 부자재 등은 일본 전역에서 따라올 곳이 없다.

아메요코 시장

도쿄 우에노에 위치하였고 남대문과 비슷한 재래시장으로 일본 서민 생활을 체험할 수 있는 관광명소이다. 일본에서 가격을 흥정할 수 있는 흔치 않은 곳으로 식품, 의류, 잡화, 보석 등의 가게들이 업종별로 분포되어있고 많은 관광  객들이 이곳을 찾는다. 시장의 이점상 먹거리도 다양하고 가격도 저렴하다.

마루이 백화점

체인점인 마루이 백화점은 주로 대도시에 있으며 특히 백화점 건물에는 젊은 사람들 취향인 마마루이시티라고 따

로 있어 쇼핑하기 좋으며 스카프와 스타킹, 편하게 입을 수 있는 옷 등을 저렴한 가격에 팔고 있어서 선물하기에 적당하다.

지유가오카

도큐도요코선 지유가오카역 남쪽 출구로 나가면 '자유의 언덕'이라는 뜻을 가진 지유가오카를 만날 수 있다. 최근 가장 각광받는 쇼핑가로 고급 주택가와 상점이 즐비하고 아기자기하고 예쁜 주택과 달콤
한 디저트를 판매하는 세련된 카페를 많이 찾아볼 수 있다. 러블리한 소품샵, 가구, 패브릭, 옷 등을 판매하는 샵들이 한적한 분위기와 어우러져 산책하듯이 편안한 마음으로 쇼핑하기에 좋다.

시모키타자와

도쿄에 위치한 시모키타자와는 주로 구제상품을 판매하기 때문에 빈티지한 멋을 한껏 느낄 수 있다. 우리의 홍대 이미지와 비슷하고 아담한 동네지만 골목마다 예쁜 카페와 소품샵이 있다. 시모키타자와
역을 중심으로 남쪽 출구는 잡화와 음식점이, 북쪽 출구에는 카페와 의류점이 모여있다. '안젤리카'는 카레빵과 미소빵이 유명한데 명성에 비해 규모는 작지만 TV와 잡지에 여러 번 소개되었으니 시도해 볼 만하다.

다이칸야마

새롭게 떠오르는 도쿄의 쇼핑 명소다. 우리나라의 압구정동 같은 분위기로 브랜드 숍이나 감각적인 물건을 파는 상점이 많다. 고급 주택 사이로 독특한 점포가 많이 있어 구경하는 것만으로도 재미있다. 도쿄에서 가장 트렌디하고 감각  있는 의류와 액세서리 등이 가득해 일본의 멋쟁이 여성이 주로 찾는다. 다이칸야마 플레이스는 다이칸야마를 대표하는 복합 쇼핑몰로 유럽 분위기가 물씬 풍기고 가운데 뜰을 에워싸듯이 레스토랑, 잡화점, 부티크가 입점해 있다.

진정한 상업도시 오-사카

덴덴타운

오-사카에 위치한 덴덴타운은 니혼바시 상점가로도 불린다. 아키하바라에 버금가는 가전 쇼핑 거리로 최신 게임기를 비롯하여 MD, CD, 오디오 같은 음향기기와 DVD, 비디오 같은 영상기 숍  들이 잔뜩 몰려 있고 애니메이션과 관련된 모든 것과 피규어, 캐릭터 상품, 프라모델도 구입할 수 있다.

신사이바시

신사이바시에서 난바까지 이어진 아케이드거리는 의류, 액세서리, 음식점 등 다양한 상점이 즐비해 오-사카 최고의 쇼핑 거리이다. 서쪽으로는 명품샵과 유럽풍의 고급 레스토랑, 카페들이 밀집되어 있는 유럽무라가 있고 동쪽에는 힙합 캐주얼 샵과 클럽 등이 모여있는 빈티지한 매력의 아메리카무라가 있다.

린쿠 프리미엄 아울렛

간사이공항에서 셔틀버스로 20분 거리에 위치해 있다. 세계적인 브랜드에서 스포츠 브랜드까지 다양하게 구비되어 있으며 곳곳에 쉴 공간도 많이 마련되어 있다. 외국인 여행자만을 위해 발행되는 온라인 쿠폰 바우처를 프린트하여 인포메이션센터에 가면 스페셜 쿠폰북을 준다.

호리에

오-사카 호리에 공원을 중심으로 인테리어와 디스플레이에 관심이 있는 사람이라면 좋아할 장소로 빈티지한 느낌의 카페와 소품, 의류 등 복잡한 신사이바시에서 벗어나 한적하게 쇼핑을 즐기고 싶다면 호리에가 제격이다. 호리에 오렌지스트릿이 유명하고 신사동 가로수길과 비교된다.

POINT WORDS

地域 (ちいき) 치이키	지역
免税 (めんぜい) 멘제이	면세
食料品店 (しょくりょうひんてん) 쇼쿠료-힌텡	식료품점
~を探 (さが) す 오사가스	~을 찾다
便利 (べんり) 벵리	편리
割引販売 (わりびきはんばい) 와리비키 함바이	할인판매
事業 (じぎょう) 지교-	사업
触 (さわ) る 사와루	만지다
ブラウス 브라우스	블라우스
運動靴 (うんどうぐつ) 운도-구츠	운동화
婦人 (ふじん) ＝妻 (つま) 후징=츠마	부인
楽 (らく) な 라쿠나	편한
綿 (めん) ＝コットン 멩=콧통	면
提案 (ていあん) する 테-안수루	제안하다
もっと良 (いい) い 못토이-	더 나은

POINT WORDS

品質(ひんしつ) 힌시츠	품질
華麗(かれい)だ 카레이다	화려하다
地味(じみ)だ 지미다	수수하다
スタイル 수타이루	스타일
デザイン 데자잉	디자인
類似(るいじ)する 루이지수루	유사하다
計(はか)る 하카루	재다
もっと大(おお)きい 못토 오-키이	더 큰
フロアー=階(かい) 후로와-=카이	층, 바닥
衣類(いるい) 이루이	의류
淑女(しゅくじょ)=婦人(ふじん) 슈쿠죠=후징	숙녀
作(つく)られる 츠쿠라레루	~에서 만들어지다
シルク=絹(きぬ) 시루크=키누	비단
手作(てづく)り 테즈쿠리	수제품

PART 07
通信
통신

문장을 바꿔가면서 말해요~

① 여보세요, 타나카씨 좀 바꿔 주세요.

もしもし、田中(たなか)さんに変(か)わってください.

모시모시, 타나카산니 카왓테 쿠다사이

> **위의 표현 대신 쓸 수 있는 문장**
> - もしもし、田中(たなか)さん、お願(ねが)いします.
>   모시모시, 타나카상, 오네가이시마스
> - もしもし、田中(たなか)さん、いらっしゃいますか.
>   모시모시, 타나카상, 이럇샤이마스까

② 접니다.

私(わたし)です.

와타시데스

> **위의 표현 대신 쓸 수 있는 문장**
> - はい、私(わたし)ですが. 하이, 와타시데스가…
> - はい、そうです. 하이, 소-데스

③ (전화를 거신 분은) 누구십니까?

どなたですか.

도나타데스까?

> **위의 표현 대신 쓸 수 있는 문장**
> - 誰(だれ)ですか. 다레데스까
> - どちら様(さま)ですか. 도치라사마데스까

❹ (끊지 말고 잠깐만) 기다리십시오.

お待(ま)ちください.

오마치쿠다사이

> 위의 표현 대신 쓸 수 있는 문장
>
> - 少々(しょうしょう)、お待(ま)ちください.
>   쇼-쇼-, 오마치쿠다사이
> - ちょっと、待(ま)ってください. 춋토, 맛테쿠다사이
> - 只今(ただいま)、変(か)わります.
>   타다이마, 카와리마스

❺ 메세지를 남기시겠습니까?

メッセージを残(のこ)されますか.

멧세-지오 노코사레마스까?

> 위의 표현 대신 쓸 수 있는 문장
>
> - 伝言(でんごん)、ございますか.
>   뎅공, 고자이마스까
> - 何か言付(ことづけ)、ありますか.
>   나니카 코토즈케, 아리마스까

❻ 제가 전화를 잘못 걸었습니다.

私(わたし)が電話(でんわ)を間違(まちが)えました.

와타시가 뎅와오 마치가에마시타

> 위의 표현 대신 쓸 수 있는 문장
>
> - すみません、間違(まちが)えました.
>   스미마셍, 마치가에마시타
> - すみません、掛(か)け間違(まちが)えました.
>   스미마셍, 카케마치가에마시타

unit 1
초대와 방문하기

함께 점심 식사나 하시겠어요?

一緒(いっしょ)にお昼(ひる)でもいかがですか.

잇쇼니 오히루데모 이카가데스까?

오늘 밤에 저와 저녁식사하시겠어요?

今晩(こんばん)、私(わたし)と夕食(ゆうしょく)でもいかがですか.

콤방, 와타시토 유-쇼쿠데모 이카가데스까?

제가 대접하겠습니다.

私(わたし)がおごります.

와타시가 오고리마스

가고 싶지만, 시간이 없습니다.

行(い)きたいですが、時間(じかん)が
ありません.

이키타이데스가, 지캉가 아리마셍

당신이 와 주셨으면 합니다.

あなたに来(き)てほしいです.

아나타니 키테 호시이데스

한 잔 하실래요?

一杯(いっぱい)、いかがですか.

입파이, 이카가데스까?

몇 시가 좋을까요?

何時(なんじ)がよろしいでしょうか.

난지가 요로시-데쇼-까?

어느 때라도 좋아요.

いつでもいいですよ.

이츠데모 이-데스요

고맙습니다. 기꺼이 그러죠.

ありがとう. 喜(よろこ)んで.

아리가토-. 요로콘데

죄송하지만, 선약이 있습니다.

すみませんが、先約(せんやく)があります.

스미마셍가, 셍야쿠가 아리마스

와 주셔서 감사합니다.

来(き)ていただいてありがとうございます.

키테 이타다이테 아리가토- 고자이마스

약소합니다만

つまらないものですが.

츠마라나이 모노데스가

요리를 잘 하시는군요!

料理(りょうり)がお上手(じょうず)なんですね!

료-리가 오죠-즈난데스네!

이만 가보겠습니다.

そろそろ失礼(しつれい)します.

소로소로 시츠레- 시마스

unit 2 전화걸기와 전화받기

이 근처에 공중전화는 있습니까?

このあたりに公衆電話(こうしゅうでんわ)はありますか.

코노 아타리니 코-슈 뎅와와 아리마스까?

이 전화로 시외전화를 할 수 있나요?

この電話(でんわ)で市外電話(しがいでんわ)できますか.

코노 뎅와데 시가이 뎅와데키마스까?

이 전화로 한국에 걸 수 있나요?

この電話(でんわ)で韓国(かんこく)にかけられますか.

코노 뎅와데 캉코쿠니 카케라레마스까?

출입국 | 호텔 | 레스토랑 | 교통 | 관광 | 쇼핑 | 통신 | 트러블 | 귀국

얼마 넣으면 됩니까?

いくら入(い)れるんですか.

이쿠라 이레룬데스까?

전화카드를 주세요.

テレホンカードをください.

테레홍카-도오 쿠다사이

한국으로 전화를 하려면 어떻게 하면 됩니까?

韓国(かんこく)に電話(でんわ)するにはどうしたらいいです.

캉쿠쿠니 뎅와스루니와 도-시타라 이-데스까?

한국으로 콜렉트콜 걸고 싶은데요.

韓国(かんこく)にコレクトコールでかけたいのですが.

캉코쿠니 코레쿠토코-루데 카케타이노데스가

오-사카의 시외번호는 몇 번입니까?

大阪(おおさか)の市外局番(しがいきょくばん)は何番(なんばん)ですか.

오-사카노 시가이쿄쿠방와 남반데스까?

한국으로 국제전화를 부탁합니다.

韓国(かんこく)に国際電話(こくさいでんわ)をお願(ねが)いします.

캉코쿠니 코쿠사이뎅와오 오네가이시마스

내선 28번으로 돌려주세요.

内線(ないせん)28に回(まわ)してください.

나이센 니쥬하치니 마와시테 쿠다사이

기무라 씨를 부탁합니다.

木村(きむら)さんをお願(ねが)いします.

키무라상오 오네가이시마스

여보세요, 기무라 씨입니까?

もしもし、木村(きむら)さんですか.

모시모시, 키무라상데스까?

여보세요, 요시다 씨 댁입니까?

もしもし、吉田(よしだ)さんのお宅(たく)ですか.

모시모시, 요시다상노 오타쿠데스까?

나중에 다시 한번 걸게요.

あとでもう一度(いちど)かけなおします.

아토데 모- 이치도 카케나오시마스

누구십니까?

どなたでしょうか.

도나타데쇼-까?

바로 기무라 씨를 바꿔드리겠습니다.

ただいま木村(きむら)さんと代(か)わります.

타다이마 키무라상토 카와리마스

잠시 기다려 주시겠습니까?

このままお待(ま)ちになりますか.

코노마마 오마치니나리마스까?

돌아오면 전화하도록 말할까요?

帰(かえ)ったら電話(でんわ)するように言(い)いましょうか.

카엣타라 뎅와스루요-니 이-마쇼-까?

잠깐 자리를 비웠습니다.

ちょっと席(せき)をはずしております.

촛토 세키오 하즈시테 오리마스

전언을 부탁할 수 있습니까?

伝言(でんごん)をお願(ねが)いできますか.

뎅공오 오네가이 데키마스까?

좀더 천천히 말씀해 주십시오.

もっとゆっくり話(はな)してください.

못토 육쿠리 하나시테 쿠다사이

몇 번에 거셨습니까?

何番(なんばん)へおかけですか.

남방에 오카케데스까?

실례했습니다. 끊어져 버렸습니다.

失礼(しつれい)しました. 切(き)れてしまいました.

시츠레-시마시타. 키레테 시마이마시타

unit 3
우체국에서 우편 붙이기

가장 가까운 우체국은 어디에 있습니까?

最寄(もよ)りの郵便局(ゆうびんきょく)はどこですか.

모요리노 유-빙쿄쿠와 도코데스까?

이걸 한국으로 보내려면 얼마나 듭니까?

これを韓国(かんこく)に送(おく)るにはいくらかかりますか.

코레오 캉코쿠니 오쿠루니와 이쿠라 카카리마스까?

우체국은 몇 시에 닫습니까?

郵便局(ゆうびんきょく)は何時(なんじ)に閉(し)まりますか.

유-빙쿄쿠와 난지니 시마리마스까?

우표는 어디서 삽니까?

切手(きって)はどこで買(か)えますか.

킷테와 도코데 카에마스까?

우체통은 어디에 있나요?

ポストはどこにありますか.

포스토와 도코니 아리마스까?

이걸 한국으로 부치고 싶습니다.

これを韓国(かんこく)に出(だ)したいのです.

코레오 캉코쿠니 다시타이노데스

속달(등기)로 부내 주세요.

速達(そくたつ)(書留(かきとめ))にしてください.

소쿠타츠(카키토메)니 시테 쿠다사이

이 우편 요금은 얼마입니까?

この郵便料金(ゆうびんりょうきん)はいくらですか.

코노 유-빙료-킹와 이쿠라데스까?

한국에는 언제쯤 도착합니까?

韓国(かんこく)にはいつごろ着(つ)きますか.

캉코쿠니와 이츠고로 츠키마스까?

항공편(선편)으로 부탁합니다.

航空便(こうくうびん)(船便(ふなびん))でお願(ねが)いします.

코-쿠-빙(후나빙)데 오네가이시마스

이 소포를 한국으로 보내고 싶습니다.

この小包(こづつみ)を韓国(かんこく)に送(おく)りたいのです.

코노 코즈츠미오 캉코쿠니 오쿠리타이노데스

내용물은 무엇입니까?

中身(なかみ)は何(なん)ですか.

나카미와 난데스까?

개인적으로 사용하는 것입니다.

個人的(こじんてき)に使(つか)うものです.

코징테키니 츠카우 모노데스

선편이라면 며칠 정도면 한국에 도착합니까?

船便(ふなびん)だと何日(なんにち)で
韓国(かんこく)に届(とど)きますか.

후나빈다토 난니치데 캉코쿠니 토도키마스까?

깨지기 쉬운 것이 들어 있습니다.

割(わ)れ物(もの)が入(はい)っています.

와레모노가 하잇테 이마스

unit 4
은행에 가서 일보기

은행은 어디에 있습니까?
銀行(ぎんこう)はどこにありますか.
깅코-와 도코니 아리마스까?

환전 창구는 어디인가요?
両替(りょうがえ)の窓口(まどぐち)はどちらですか.
료-가에노 마도구치와 도치라데스까?

여기서 환전해 주시겠어요?
ここで両替(りょうがえ)してもらえますか.
코코데 료-가에시테 모라에마스까?

1만엔을 바꿔 주시겠어요?

1万円(いちまんえん)をくずしてもらえますか.

이치망엥오 쿠즈시테 모라에마스까?

이 수표를 현금으로 바꿔 주시겠어요?

この小切手(こぎって)を現金(げんきん)に換(か)えてもらえますか.

코노 코깃테오 겡킨니 카에테 모라에마스까?

5만엔을 인출하고 싶은데요.

5万円(まんえん)引(ひ)き出(だ)したいのですが.

고망엥히키다 시타이노데스가

오늘 환율은 얼마입니까?

今日(きょう)の交換(こうかん)レートはいくらですか.

쿄-노 코-캉 레-토와 이쿠라데스까?

방문 에티켓에 관한 정보 Tip

일본인은 개인주의 성향이 강해 자신의 집으로 손님을 잘 초대하지 않는다. 사전에 약속 없이 남의 집을 방문하는 것을 사생활 침해로 생각하므로 사전에 전화로 승낙을 받은 후 정해진 시간에 방문하며 오랜 시간 머무는 것을 삼간다.

● 작은 선물을 준비하되 너무 비싼 것은 피하고 포장은 흰색으로 하지 않는다.
● 신발을 벗어 놓은 후에 가지런히 정리한다.
● 화장실 이용 후 꼭 변기뚜껑을 닫아둔다. 변기뚜껑을 열어 놓으면 복이 나간다는 의미가 있기 때문에 공중 화장실이 아닌 이상 뚜껑을 닫는다.

● 식사의 경우 먹으면서 이야기 하지 않는다.

※ 위계질서가 철저한 일본 사회의 특성상 호칭에도 각별히 주의를 기울여야 한다. 이름이나 성 뒤에 '~상'을 붙이거나 좀 더 가벼운 표현의 '~짱'이 있는데 성만 부르는 것이 당연한 관습으로 초면에 상대방의 이름을 부르는 것은 예의에 어긋나는 행동이다.

일본의 술문화 에티켓 정보 Tip

연장자에게 한 손으로 술을 따르거나 한 손으로 술을 받아도 실례가 되지 않으며 옆으로 몸을 돌려 마시지 않아도 된다.

- 술이 남아 있을 때 술을 더 따르는 첨잔 문화는 우리에게는 없지만 일본에서는 미덕으로 이야기에 열중하여 상대방의 잔을 빈 채로 오랫동안 놔두면 눈치 없는 사람으로 생각된다.
- 잔을 돌려 마시지 않고 술을 권하지 않는다. 상대방이 자기 손으로 잔을 가려 덮거나 술 잔이 가득 찬 상태로 그냥 두고 있을 때에는 더 이상 못 마신다는 의사표시가 된다.
- 미리 "9시부터 다른 약속이 있다"라고 말해두면 그 이상의 시간을 강요하지 않는다.

일본에서 전화하기 Tip

공중전화로 일본 내 통화하기
곳곳에 공중전화기가 설치되어 있고 국내전용과 국제 겸용이 있다. 또 동전만 사용할 수 있는 것과 전화카드와 동전 겸용이 있으니 필요에 따라 선택하여 쓴다.
오랜 시간 통화할 계획이 아니라면 동전을 사용하는 것이 제일 좋은데 100엔짜리 동전을 사용할 경우 남은 돈은 반환되지 않으므로 10엔짜리 동전을 여러 개 준비해서 경고음이 나면 10엔짜리 동전을 투입하는 것이 좋다. 시외통화와 핸드폰은 최소 100엔 이상 필요하다.

공중전화로 국제 통화하기

국제전화(國際電話) 또는 International이라고 표시 되어 있는 공중전화기를 사용한다.

동전을 사용할 때

① 기본요금 100엔을 넣고, 교환원을 통하지 않고 직접 원하는 국가에 전화를 걸 수 있다.
② 일본 국제전화 회사 번호를 선택하여 누른다.
  (001, 033, 0061 등)
③ 국제 식별번호 010 을 누른다.
④ 한국 국가번호 82를 누른다.
⑤ 한국 지역번호 0을 빼고 누른다. (서울 02는 2만 누른다.)
⑥ 나머지 집 전화번호 또는 휴대폰번호를 누르면 된다.

전화카드를 사용할 때

① 국제전화 전용 선불카드를 구입한다. 출국하기 전 인천국제공항 매점에서 일본 국제전화카드를 구입하면 더 저렴한데 일본에서 한국으로 걸 수 있는 카드인지, 최장 몇 분까지 쓸

수 있는지 확인하고 구입한다. 일본에서는 편의점과 할인티켓전문점에서 구입가능하다.
❷ 공중전화에 10엔을 넣고 카드에 적힌 접속번호를 누른다. 안내멘트(조금씩 다르다)에 따라 선불카드 뒷면에 은박으로 가려진 비밀번호를 입력한다.
❸ 순서는 접속번호(회사 마다 다름) - ARS에 따라 - 카드번호 - 국가번호 - 지역번호-전화번호 #
❹ 지역번호와 휴대전화 번호 앞 '0'은 빼고 누른다.

국제자동콜렉트콜(ACC)

국제전화 001, 00700 등은 국제자동콜렉트콜 서비스가 있다. 해외에서 한국으로 수신자 부담 이용 시 교환원 및 별도의 매체(선/후불카드)를 거치지 않고 직접 시스템에 접속하여 안내방송에 따라 국제전화를 이용할 수 있다.

국가별접속번호 → "4"(서비스번호) → 안내방송에 따르면 된다. 단점은 요금이 비싸고 상대방이 통화료와 함께 별도의 수수료를 지불해야 한다.

※ 호텔 객실전화는 통화료와 상관없이 이용요금이 부과되니 공중전화를 이용한다.

로밍

로밍은 편리하지만 이용 요금이 비싼 단점이 있다. 스마트폰은 자동으로 로밍이 되기 때문에 출국시 전원을 끄거나 공항에 마련된 이동통신사의 로밍센터에서 데이터로밍 차단 서비스를 신청하면 데이터 요금이 발생하지 않는다. 인터넷을 사용하지

않아도 애플리케이션 업데이트 등으로 요금이 부과될 수 있으니 꼭 데이터 차단 서비스를 신청한다. 상당량의 데이터를 이용할 계획이라면 하루 9천원~만원정도인 무제한 데이터로밍 요금제에 가입하면 요금부담을 줄일 수 있다. 다양한 서비스와 이벤트가 있으니 로밍센터에서 자신에게 맞는 것으로 선택한다.

우체국에서 우편물 붙이는법 Tip

일본 우체국은 민간 기업이라 지점마다 운영시간도 다르고 24시간 운영하는 곳도 있는 등 차별화되어있다. EMS가 빠르고(3일) 안전한 반면 비싼 것이 단점이고 항공편은 EMS보다 저렴하고 배송일은 8일이다. 이코노미 항공편은 2~3주 소요되며 배편은 한국까지 90일 정도를 예상하지만 보통 모든 우편이 소요일보다 일찍 도착한다. 일본 우체국에는 방문 서비스가 있으니 가까운 우체국에 전화하여 예약하면 무거운 소포는 쉽게 해결할 수 있다. 송장 적는 방법은 우리나라 송장과 거의 비슷하고 영어로 표기 되어있어 누구나 쉽게 작성 가능하고 송장은 영어나 일본어로 작성한다.

POINT WORDS

公衆電話(こうしゅうでんわ)	코-슈-뎅와	공중전화
長距離(ちょうきょり)	쵸-쿄리	장거리
入(い)れる	이레루	넣다
テレホンカード	테레홍카-도	전화카드
コレクトコール	코레쿠토코-루	수신자 부담전화
地域番号(ちいきばんごう)	치이키방고-	지역번호
内線(ないせん)	나이셍	내선
掛(か)け直(なお)す	카케나오수	다시 걸다
接触(せっしょく)する	셋쇼쿠수루	접촉하다
繋(つな)ぐ	츠나구	연결하다
部署(ぶしょ)	부쇼	부서
もっとゆっくり	못토 윳쿠리	더 느리게
郵便箱(ゆうびんばこ)	유-빔바코	우체통
閉(し)める	시메루	닫다
小包(こづつみ)	코즈츠미	소포

PART 08
トラブル
트러블

단어를 바꿔가면서 말해요~

❶ 영어를 할 줄 아십니까?

英語(えいご)ができますか.

에이고가 데키마스까?

영어 대신 쓸수 있는 단어
- 中国語(ちゅうごくご) 중국어
- 日本語(にほんご) 일본어
- 韓国語(かんこくご) 한국어
- ドイツ語(ご) 독일어
- アラブ語(ご) 아랍어
- スペイン語(ご) 스페인어

❷ 열차 안에 지갑을 두고 내렸습니다.

列車(れっしゃ)の中(なか)に財布(さいふ)を 置(お)いて降(お)りました.

렛샤노 나카니 사이후오 오이테 오리마시타

열차 대신 쓸수 있는 단어
- パスポート 여권
- 鞄(かばん) 가방
- 所持品(しょじひん) 소지품
- 書類(しょるい) 서류
- カメラ 카메라
- ケータイ 핸드폰

❸ 방에 도둑이 들어왔습니다.

部屋(へや)に泥棒(どろぼう)が入(はい)りました.

헤야니 도로보-가 하이리마시타

도둑 대신 쓸수 있는 단어
- 強盗(ごうとう) 강도
- 見知(みし)らぬ人(ひと) 낯선 사람
- 変(へん)な人(ひと) 수상한 사람

❹ 두통이 있습니다.
頭痛(ずつう)がします.
즈츠-가 시마스

> **두통** 대신 쓸 수 있는 단어
>
> - 歯痛(しつう) 치통
> - 痛(いた)み 통증
> - 乗(の)り物(もの)酔(よ)い 비행기 멀미
> - 腹痛(ふくつう) 복통

❺ 몸이 나른 합니다.
体(からだ)がだるいです.
카라다가 다루이데스

> **나른** 대신 쓸 수 있는 단어
>
> - 目眩(めまい)がする 어지러움
> - 吐気(はきけ)がする 구토
> - 寒気(さむけ)がする 추위
> - 熱(ねつ)がある＝熱(あつ)い 열이 있다

❻ 경찰서가 어디에 있습니까?
警察署(けいさつしょ)はどこにありますか.
케-사츠쇼와 도코니아리마스까?

> **경찰서** 대신 쓸 수 있는 단어
>
> - 病院(びょういん) 병원
> - 薬局(やっきょく)＝薬屋(くすりや) 약국
> - 落(おと)し物(もの)取扱(とりあつかい)所(しょ) 분실물 취급소
> - 韓国大使館(かんこくたいしかん) 한국대사관

unit 1
일본어가 서투를 때

일본어를 할 줄 압니까?

日本語(にほんご)は話(はな)せますか.

니홍고와 하나세마스까?

영어를 하는 사람은 있습니까?

英語(えいご)を話(はな)せる人(ひと)はいますか.

에-고오 하나세루 히토와 이마스까?

한국어를 하는 사람은 있습니까?

韓国語(かんこくご)の話(はな)せる人(ひと)はいますか.

캉코쿠고노 하나세루 히토와 이마스까?

일본어는 할 줄 모릅니다.

日本語(にほんご)は話(はな)せません.

니홍고와 하나세마셍

일본어는 잘 못합니다.

日本語(にほんご)は上手(じょうず)ではありません.

니홍고와 죠-즈데와 아리마셍

일본어로는 설명할 수 없습니다.

日本語(にほんご)では説明(せつめい)できません.

니홍고데와 세츠메- 데키마셍

통역을 부탁하고 싶은데요.

通訳(つうやく)をお願(ねが)いしたいのですが.

츠-야쿠오 오네가이 시타이노데스가

어느 나라 말을 하십니까?

何語(なにご)をお話(はなし)になりますか.

나니고오 오하나시니 나리마스까?

한국어로 쓰인 것은 있습니까?

韓国語(かんこくご)で書(か)かれたものはありますか.

캉코쿠고데 카카레타 모노와 아리마스까?

한국어판은 있습니까?

韓国語(かんこくご)版(ばん)はありますか.

캉코쿠고방와 아리마스까?

좀더 천천히 말씀해 주세요.

もっとゆっくり話(はな)してください.

못토 육쿠리 하나시테 쿠다사이

당신이 말하는 것을 모르겠습니다.

あなたの言(い)っていることがわかりません.

아나타노 잇테이루 코토가 와카리마셍

그건 무슨 뜻입니까?

それはどういう意味(いみ)ですか.

소레와 도-이우 이미데스까?

unit 2 위급상황시 대처하기

출입국 호텔·레스토랑 교통 관광 쇼핑 통신 **트러블** 귀국

문제가 생겼습니다.

困(こま)っています.

코맛테 이마스

지금 무척 난처합니다.

今(いま)大変(たいへん)困(こま)っているんです.

이마 타이헹 코맛테 이룬데스

무슨 좋은 방법은 없을까요?

何(なに)か、いい方法(ほうほう)はないですか.

나니카 이- 호-호-와 나이데스까?

어떻게 하면 좋을까요?

どうしたらいいでしょうか.

도- 시타라 이-데쇼-까?

화장실은 어디죠?

トイレはどこですか.

토이레와 도코데스까?

무엇을 원하세요?

何(なに)が欲(ほ)しいんですか.

나니가 호시인데스까?

알겠습니다. 다치게만 하지 마세요.

わかりました. 怪我(けが)はさせないでください.

와카리마시타. 케가와 사세나이데 쿠다사이

시키는 대로 할게요.

言(い)うとおりにします.

이우 토-리니 시마스

가진 돈이 없어요!

お金(かね)は持(も)っていません!

오카네와 못테 이마셍!

잠깐! 뭘 하는 겁니까?

ちょっと. 何(なに)するんですか.

촛토! 나니 스룬데스까?

만지지 말아요!

触(さわ)らないで!

사와라나이데!

저리 가!

あっちへ行(い)け!

앗치에 이케!

경찰을 부르겠다!

警察(けいさつ)を呼(よ)ぶぞ!

케-사츠오 요부조!

도와줘요!

助(たす)けて!

타스케테!

unit 3
물건도난시 대처하기

분실물 취급소는 어디에 있습니까?

紛失物(ふんしつぶつ)取扱(とりあつか)い所(しょ)はどこですか.

훈시츠부츠 토리아츠카이쇼와 도코데스까?

여기서 카메라 못 보셨어요?

ここでカメラを見(み)ませんでしたか.

코코데 카메라오 미마센데시타까?

열차 안에 지갑을 두고 내렸습니다.

列車(れっしゃ)に財布(さいふ)を忘(わす)れました.

렛샤니 사이후오 와스레마시타

여권을 잃어버렸습니다.

パスポートをなくしました.

파스포-토오 나쿠시마시타

열차 안에 지갑을 두고 내렸습니다.

列車(れっしゃ)の中(なか)に財布(さいふ)を置(お)いて降(お)りました.

렛샤노 나카니 사이후오 오이테 오리마시타

어디서 잃어버렸는지 기억이 안 납니다.

どこでなくしたか覚(おぼ)えていません.

도코데 나쿠시타카 오보에테 이마셍

멈춰! 도둑이야!

待(ま)て! どろぼう!

마테! 도로보-!

저놈이 내 가방을 뺏어갔어요!

あいつが私(わたし)のバッグを取(と)ったんです!

아이츠가 와타시노 박구오 톳탄데스!

지갑을 도둑맞았어요!

財布(さいふ)を盗(ぬす)まれました!

사이후오 누스마레마시타!

지갑을 소매치기 당했어요!

財布(さいふ)をすられました!

사이후오 스라레마시타!

방에 도둑이 들었습니다.

部屋(へや)に泥棒(どろぼう)が入(はい)りました.

헤야니 도로보- 가 하이리마시타

경찰서는 어디에 있습니까?

警察署(けいさつしょ)はどこですか.

케-사츠쇼와 도코데스까?

경찰에 신고해 주시겠어요?

警察(けいさつ)に届(とど)けてもらえますか.

케-사츠니 토도케테 모라에마스까?

누구에게 알리면 됩니까?

誰(だれ)に知(し)らせればいいですか.

다레니 시라세레바 이-데스까?

경찰에 도난신고서를 내고 싶은데요.

警察(けいさつ)に盗難届(とうなんとどけ)をしたいのですが.

케-사츠니 토-난토도케오 시타이노데스가

찾으면 한국으로 보내주시겠어요?

見(み)つかったら韓国(かんこく)に送(おく)ってくれませんか.

미츠캇타라 캉코쿠니 오쿳테 쿠레마셍까?

unit 4 교통사고시 대처하기

교통사고를 당했습니다.

交通事故(こうつうじこ)にあいました.

코-츠-지코니 아이마시타

큰일 났습니다.

大変(たいへん)です.

타이헨데스

저를 병원으로 데려가 주세요.

私(わたし)を病院(びょういん)に連(つ)れて行(い)ってください.

와타시오 뵤-잉니 츠레테 잇테 쿠다사이

구급차를 불러 주세요.

救急車(きゅうきゅうしゃ)を呼(よ)んでください.

큐-큐-샤오 욘데 쿠다사이

다친 사람이 있습니다.

怪我人(けがにん)がいます.

케가닝가 이마스

사고를 냈습니다.

事故(じこ)を起(お)こしました.

지코오 오코시마시타

보험을 들었습니까?

保険(ほけん)に入(はい)っていますか.

호켕니 하잇테 이마스까?

속도위반입니다.

スピード違反(いはん)です.

스피-도 이한데스

렌터카 회사로 연락해 주세요.

レンタカー会社(がいしゃ)に
連絡(れんらく)してください.

렌타카-가이샤니 렝라쿠시테 쿠다사이

사고증명서를 써 주시겠어요?

事故証明書(じこしょうめいしょ)を書(か)
いてもらえますか.

지코쇼-메이쇼오 카이테 모라에마스까?

도로표지판의 뜻을 몰랐습니다.

道路標識(どうろひょうしき)の意味(いみ)
がわかりませんでした.

도-로효-시키노 이미가 와카리마센데시타

제 책임이 아닙니다.

私(わたし)に責任(せきにん)はありません.

와타시니 세키닝와 아리마셍

상황이 잘 기억나지 않습니다.

状況(じょうきょう)はよく覚(おぼ)えていません.

죠-쿄-와 요쿠 오보에테 이마셍

신호를 무시했습니다.

信号無視(しんごうむし)をしてしまいました.

싱고-무시오 시테 시마이마시타

저야말로 피해자입니다.

私(わたし)こそ被害者(ひがいしゃ)です.

와타시코소 히가이샤데스

의사를 불러 주세요.

医者(いしゃ)を呼(よ)んでください.

이샤오 욘데 쿠다사이

진찰을 받고 싶은데요.

診察(しんさつ)を受(う)けたいのですが.

신사츠오 우케타이노 데스가

병원으로 데리고 가 주시겠어요?

病院(びょういん)まで連(つ)れて行(い)ってください.

뵤-잉마데 츠레테 잇테 쿠다사이

출입국 | 호텔 | 레스토랑 | 교통 | 관광 | 쇼핑 | 통신 | **트러블** | 귀국

unit 5
병원에서 대처하기

진료 예약을 하고 싶은데요.

診療(しんりょう)の予約(よやく)を取(と)りたいのですが.

싱료-노 요야쿠오 토리타이노데스가

한국어를 아는 의사는 있나요?

韓国語(かんこくご)の話(はな)せる 先生(せんせい)はいますか.

캉코쿠고노 하나세루 셍세이와 이마스까?

아이 상태가 이상합니다.

子供(こども)の様子(ようす)が変(へん)なんです.

코도모노 요-스가 헨난데스

몸이 안 좋습니다.

具合(ぐあい)が悪(わる)いんです.

구아이가 와루인데스

현기증이 납니다.

目眩(めまい)がします.

메마이가 시마스

몸이 나른합니다.

体(からだ)がだるいです.

카라다가 다루이데스

식욕이 없습니다.

食欲(しょくよく)がないんです.

쇼쿠요쿠가 나인데스

감기에 걸렸습니다.

風邪(かぜ)を引(ひ)きました.

카제오 히키마시타

설사가 심합니다.

下痢(げり)がひどいです.

게리가 히도이데스

열이 있습니다.

熱(ねつ)があります.

네츠가 아리마스

여기가 아픕니다.

ここが痛(いた)いです.

코코가 이타이데스

잠이 오지 않습니다.

眠(ねむ)れないのです.

네무레나이노데스

헛구역질이 납니다.

吐(は)き気(け)がします.

하키케가 시마스

기침이 납니다.

せきが出(で)ます.

세키가 데마스

다쳤습니다.

怪我(けが)をしました.

케가오 시마시타

진단서를 써 주세요.

診断書(しんだんしょ)を書(か)いてください.

신단쇼오 카이테 쿠다사이

예정대로 여행을 해도 괜찮겠습니까?

予定(よてい)どおりに旅行(りょこう)してもかまいませんか.

요테- 도-리니 료코-시테모 카마이마센까?

며칠 정도 안정이 필요합니까?

何日(なんにち)ぐらい安静(あんせい)が必要(ひつよう)ですか.

난니치 구라이 안세-가 히츠요-데스까?

이 처방전 약을 주세요.

この処方箋(しょほうせん)せんの薬(くすり)をください.

코노 쇼호-센노 쿠스리오 쿠다사이

이 약은 어떻게 먹습니까?

この薬(くすり)はどう飲(の)むのですか.

코노 쿠스리와 도- 노무노데스까?

여행자 보험에 관한 정보 Tip

여행자 보험에 가입하기

여행자 보험은 해외여행 시 일어나는 사망, 사고, 질병, 항공기 납치 등에 관한 보험으로 비용부담이 크지 않으니 꼭 가입한다. 여행사 패키지는 대부분 상품에 포함되어 있고 환전 시 은행에서 무료로 가입도 해 준다. 출발하기 전에만 가입하면  되므로 공항에 있는 보험사 창구에서 가입한다. 중요한 것은 보험약관을 꼼꼼히 읽어보고 나에게 맞는 것을 선택한다.

해외에서 다치거나 도난, 재해를 입었을 때의 보험처리

본인 부주의로 인한 분실은 책임지지 않으니 주의한다. 천재지변을 당했을 때는 보상을 받을 수 있는데 폭행범죄 피해나 전쟁, 내란, 소요 등에 따른 피해는 보상 대상에서 제외된다. 상해보험의 경우 천재지변은 피해 보상을 받을 수 없지만 원전피해 보상은 받을 수 있다. 여행자보험의 경우 지진, 해일, 원전 피해 모두 보상 받을 수 있고 현지 병원에 갔다면 진단서, 처방전, 치료비 영수증 등을 챙겨 보험회사에 청구한다. 도난 사고의 경우 현지 경찰서에 분실 도난증명서를 발급받아 보험회사에 제출한다.

분실과 도난을 당했을 때 Tip

여권 분실

여권을 분실 했을 경우 일정이 짧으면 당황하게 되는데 이때는 가까운 대사관 또는 총영사관에 여권 분실 신고를 하고 여행증명서나 단수여권을 발급받아 출국하면 된다. 여권의 위변조 및 부정사용 방지 등을 위해 분실 신고 시 재발급을 신청한다.

※ 여권 사본이 있으면 빨리 처리되므로 여행 전 미리 복사해둔다.

항공권 분실

분실 신고 후 재발행을 위하여 2~3일 소요되므로 분실 항공권의 사용 방지를 위해 가급적 빨리 신고하고 재발행시 항공사의 재발행 동의서와 여권사본, 수수료가 붙는다. 전자 항공권은 종이 항공권을 소지할 필요 없이 항공사에 기록된 예약 및 구매 내역을 기준으로 탑승 할 수 있다. 인터넷을 통한 예약과 구매는 동일하며 항공기 출발 1시간 전까지 공항 내 전용 카운터에서 탑승권을 교환 발급받으면 되므로 분실 위험이 없다.

현금 분실 및 도난

현금을 잃어버릴 경우 보상받을 수 없다. 이때는 한국으로부터 송금을 받거나 재외공관에서 신속해외송금지원을 받는다. 현금 인출이 가능한 카드를 준비해 가는 것이 가장 간단한 방법이다.

신용카드 분실 및 도난

신용카드가 없어졌음을 인지한 즉시 카드를 정지 시킨다. 해당 카드사에 전화하고 신용카드번호와 유효기간을 미리 알아두면 좋다.

※ 택시, 열차, 숙소 어디에서 분실했는지 생각난다면 찾을 수 있는 확률이 높다. 여권, 지갑, 가방 등은 분실한 곳으로부터 가장 가까운 경찰서를 찾아가 보고 전철의 경우 역무원에게 도움을 받거나 분실물센터에서 분실신고를 하는 것이 가장 빠르다.

수하물 분실과 파손

항공사는 수하물을 승객의 일부로 취급하고 있어 수하물표를 부착해 운반한다. 분실 시 항공사의 분실물 신고센터에 탑승 수속 시 받은 수하물표를 제시하고 지정된 서식을 기록하여 제출한다. 수하물 추적시스템을 통해 확인 작업이

이루어지며 최종 분실이 확인된 수화물은 무게로 배상받기 때문에 고가의 물품은 직접 들고 탑승하고 파손의 경우 감가상각을 적용하여 배상받는다. 수하물 분실 방지를 위해 항공사에서 제공하는 이름표에 영문으로 표기하거나 자신의 명함을 부착하면 무난하다.

교통사고를 당했을 때 Tip

교통법규

승용차의 제한속도는 최고 100Km, 최저 50Km로 지정속도 이상 속력을 내면 입건도 가능하다. 일본의 교통법규는 상당히 까다롭고 가벼운 사고라도 무조건 경찰을 부르며 벌금도 상당하다. 음주 운전은 면허취소는 기본이고 상당한 벌금과 함께 술을 제공하고 권한 사람은 물론 같이 탑승한 사람도 조사를 받고 벌금을 물어야 한다.

● 부상에 대한 적절한 치료 방법
중상일 때에는 국번 없이 119로 전화해서 구급차를 부르고 큰 부상이 아니어도 후유증이 있을 수 있으므로 병원에 가서 진단과 치료를 반드시 받는다.

● 경찰 110번에 연락해서 사고 신고하기
사고 상대방의 주소와 성명, 전화번호를 알아둔다. 경찰에 사고 발생을 통지하고 경찰관의 입회를 요청한다.

● 경찰의 조사와 조서가 작성하기
조서는 사고발생을 증명하며 어느 쪽에 책임이 있는가를 판명한다는 점에서 중요한 자료가 된다. 목격자의 증언도 중요한 요소가 된다.

● **치료비 및 손해배상 교섭**
부상의 치료가 일단락 지워지면, 치료비와 손해배상 등의 합의가 이루어지는데 잘 알고 있는 일본인에게 도움을 청하거나 보험사와 상담한다.

아파서 병원에 갔을 때 Tip

병원 이용하기

일본의 의료 체재는 우리와 많이 비슷해서 3개월 관광비자가 아닌 이상 무조건 의료보험에 가입해야 한다. 대부분 병원내 약국에서 약을 받고 그렇지 않은 경우 드럭스토어가 아닌 약을 조제하는 전용 약국에서 약을 처방 받으면 된다. 진료시간은 병원마다 조금씩 다르지만 개인병원의 경우 오전 9시~12시 오후 3시~6시까지 다소 점심시간이 길고 응급이 아닌 경우 기다리는 시간이 있으니 느긋하게 생각한다.

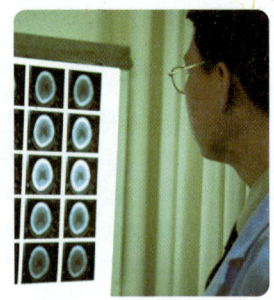

通訳士(つうやくし) 츠-야쿠시	통역사
理解(りかい)する 리카이수루	이해하다
意味(いみ)する 이미수루	의미하다
問題(もんだい) 몽다이	문제
厄介者(やっかいもの) 약카이모노	골칫거리
怪我(けが)をさせる 케가오사세루	다치게하다
紛失物(ふんしつぶつ)取扱所(とりあつかいしょ) 훈시츠부츠 토리아츠카이쇼	분실물 취급소
警察署(けいさつしょ) 케이사츠쇼	경찰서
事故(じこ) 지코	사고
救急車(きゅうきゅうしゃ) 큐-큐-샤	구급차
負傷(ふしょう)をする 후쇼-오수루	부상을 입다
病院(びょういん) 뵤-잉	병원
保険(ほけん)に入(はい)る 호켕니 하이루	보험들다
会社(かいしゃ) 카이샤	회사
被害者(ひがいしゃ) 히가이샤	피해자

PART·09
帰国
귀국

unit 1
항공편 예약과 재확인

인천행을 예약하고 싶은데요.

インチョン行(ゆ)きを予約(よやく)したいのですが.

인천 유키오 요야쿠시타이노데스가

내일 비행기는 예약이 됩니까?

明日(あした)の便(びん)の予約(よやく)はできますか.

아시타노 빈노 요야쿠와 데키마스까?

가능한 한 빠른 편이 좋겠어요.

できるだけ早(はや)い便(びん)の方(ほう)がいいですね.

데키루다케 하야이 빈노 호-가 이-데스네

다른 비행기는 없습니까?

別(べつ)の便(びん)はありますか.

베츠노 빙와 아리마스까?

편명과 출발 시간을 알려 주십시오.

便名(びんめい)と出発(しゅっぱつ)の時間(じかん)を教(おし)えてください.

빔메-토 슙파츠노 지캉오 오시에테 쿠다사이

몇 시까지 탑승수속을 하면 됩니까?

何時(なんじ)までに搭乗手続(とうじょうてつづ)きをすればいいですか.

난지마데니 토-죠-테츠즈키오 스레바 이-데스까?

예약을 재확인하고 싶은데요.

リコンファームをしたいのですが.

리콩화-무오 시타이노데스가

성함과 편명을 말씀하십시오.

お名前(なまえ)と便名(びんめい)をどうぞ.

오나마에토 빔메-오 도-조

무슨 편 몇 시발입니까?

何便(なにびん)で何時(なんじ)発(はつ)ですか.

나니빈데 난지하츠데스까?

저는 분명히 예약했습니다.

私(わたし)は確(たし)かに予約(よやく)しました.

와타시와 타시카니 요야쿠시마시타

한국에서 예약했는데요.

韓国(かんこく)で予約(よやく)したのですが.

캉코쿠데 요야쿠시타노데스가

비행편을 변경할 수 있습니까?

便(びん)の変便(へんこう)をお願(ねが)いできますか.

빈노 헹코-오 오네가이 데키마스까?

10월 9일로 변경하고 싶습니다.

10月(じゅうがつ)9日(ここのか)に変更(へんこう)したいのです.

쥬-가츠 코코노카니 헹코-시타이노데스

예약을 취소하고 싶은데요.

予約(よやく)を取(と)り消(け)したいのですが.

요야쿠오 토리케시타이노데스가

다른 항공사 비행기를 확인해 주세요.

他(ほか)の航空社(こうくうしゃ)の便(びん)を調(しら)べてください.

호카노 코-쿠-샤노 빙오 시라베테 쿠다사이

예약 대기로 부탁할 수 있습니까?

キャンセル待(ま)ちでお願(ねが)いできますか.

캰세루마치데 오네가이 데키마스까?

unit 2
공항가기와 비행기 탑승

나리타 공항까지 가 주세요.

成田空港(なりたくうこう)までお願(ねが)いします.

나리타 쿠-코-마데 오네가이 시마스

빨리 가 주세요. 늦었어요.

急(いそ)いでください. 遅(おく)れているんです.

이소이데 쿠다사이. 오쿠레테 이룬데스

아직 시간이 있으니까 천천히 가 주세요.

まだ、時間(じかん)があるからゆっくりでもいいですよ.

마다, 지캉가 아루카라 육쿠리데모 이-데스요

어느 항공사입니까?

どこの航空会社(こうくうがいしゃ)ですか.

도코노 코-쿠-가이샤데스까?

공항까지 어느 정도 시간이 걸립니까?

空港(くうこう)までどのくらい
時間(じかん)がかかりますか.

쿠-코-마데 도노쿠라이 지캉가 카카리마스까?

짐은 몇 개입니까?

お荷物(にもつ)は何個(なんこ)ですか.

오니모츠와 낭코데스까?

기사님, 호텔로 돌아가 주실래요?

運転手(うんてんしゅ)さん、ホテルへ
戻(もど)ってくれませんか.

운텐슈상, 호테루에 모돗테 쿠레마셍까?

카메라를 가지러 호텔로 돌아가고 싶습니다.

カメラを取(と)りにホテルに戻(もど)
りたいんです.

카메라오 토리니 호테루니 모도리타인데스

수첩을 호텔에 두고 나왔습니다.

手帳(てちょう)をホテルに忘(わす)れました.

테쵸-오 호테루니 와스레마시타

중요한 물건을 두고 나왔습니다.

大事(だいじ)な物(もの)を置(お)き忘(わす)れました.

다이지나 모노오 오키와스레마시타

출발까지 아직 2시간이나 남았군요.

出発(しゅっぱつ)までまだ2時間(じかん)もありますね.

슙파츠마데 마다 니지캉모 아리마스네

탑승수속은 어디서 합니까?

搭乗手続(とうじょうてつづ)きはどこですか.

토-죠-테츠즈키와 도코데스까?

일본항공 카운터는 어디입니까?

日本航空(にほんこうくう)のカウンターはどこですか.

니홍코-쿠-노 카운타-와 도코데스까?

통로쪽(창쪽)으로 부탁합니다.

通路側(つうろがわ)(窓側(まどがわ))の席(せき)をお願(ねが)いします.

츠-로가와(마도가와)노 세키오 오네가이시마스

친구와 같은 좌석으로 주세요.

友人(ゆうじん)と隣(とな)り合(あ)わせの席(せき)にしてください.

유-진토 토나리아와세노 세키니 시테 쿠다사이

맡기실 짐은 있으십니까?

お預(あず)けになる荷物(にもつ)はありますか.

오아즈케니나루 니모츠와 아리마스까?

맡길 짐은 없습니다.

預(あず)ける荷物(にもつ)はありません.

아즈케루 니모츠와 아리마셍

그 가방은 맡기시겠습니까?

そのバッグはお預(あず)けになりますか.

소노 박구와 오아즈케니 나리마스까?

이 가방은 기내로 가지고 들어갑니다.

このバッグは機内(きない)に持(も)ち込(こ)みます.

코노 박구와 키나이니 모치코미마스

다른 맡기실 짐은 없습니까?

お預(あず)かりする荷物(にもつ)は他(ほか)にございますか.

오아즈카리스루 니모츠와 호카니 고자이마스까?

(탑승권을 보이며) 게이트는 몇 번입니까?

ゲートは何(なん)番(ばん)ですか.

게-토와 남방데스까?

3번 게이트는 어느 쪽입니까?

3番(ばん)ゲートはどちらでしょうか.

삼방게-토와 도치라데쇼-까?

인천행 탑승 게이트는 여기입니까?

インチョン行(ゆ)きの搭乗(とうじょう)ゲートはここですか.

인천유키노 토-죠-게-토와 코코데스까?

탑승은 시작되었습니까?

搭乗(とうじょう)はもう始(はじ)まりましたか.

토-죠-와 모- 하지마리마시타까?

방금 인천행 비행기를 놓쳤는데요.

たった今(いま)、インチョン行(ゆ)きの便(びん)に乗遅(のりおく)れたのですが.

탓타이마, 인천 유키노 빈니 노리오쿠레타노데스가

신세가 많았습니다.

大変(たいへん)お世話(せわ)になりました.

타이헹 오세와니 나리마시타

덕분에 무척 즐거웠습니다.

おかげさまで、本当(ほんとう)に楽(たの)しかったです.

오카게사마데, 혼토-니- 타노시캇타데스

그럼, 건강하세요. 안녕히 계세요.

では、お元気(げんき)で、さよなら.

데와, 오겡키데, 사요나라

출국하기전 꼭 필요한 정보 Tip

항공권 재확인

출발 72시간 전까지 예약을 재확인해 둔다. 일정을 변경하고 싶은 경우에도 출국일 72시간 전에 항공사에 연락해 예약을 취소하고 원하는 날짜의 항공권을 예약한다.

수하물 정리

여행을 마치고 출국 할 때는 짐이 늘어나기 마련인데 짐을 쌀 때 필요 없는 물건은 과감히 버려 탑승허용량을 초과하지 않도록 한다. 항공사별로 무게 제한 사항을 알아두면 편리하고 항공사에 따라 추가 비용을 요구하는 경우도 있다.

세관

현지통화의 반입액 이상의 반출은 금지되어 있다. 입국시의 소지금 신고와 출국시의 소지금을 검사하는 경우도 있으므로 주의할 것.

출국수속

공항에는 출국시간 2시간 전에 도착하는 것이 좋다. 출국신고는 자신이 이용할 항공사 카운터에 항공권과 여권, 그리고 입국할 때 적었던 출입국신고서를 제시하고 부칠 짐이 있으면 무게를 단 후에 꼬리표를 받아 잘 보관한다.

보안검색

주머니를 비운 후 휴대하고 있는 짐을 컨베이어에 올리고 금속탐지기를 통과한다. 기내에는 날카로운 물건과 액체류, 젤류는 물론 화장품도 100ml가 초과되면 반입할 수 없다. 만약 보안요원이 가방검사를 요청하면 순순히 응하는 것이 번거로움을 피하는 것이다.

탑승구 대기

탑승은 출발 20~30분 전에 시작되므로 출국수속이 끝나고 탑승권을 받으면 게이트를 미리 알아두고 늦어도 출발 10분 전에 탑승 게이트에 도착해 한다.

탑승

비행기에 탑승한 후 짐을 앞좌석 아래에 있는 공간에 넣고 이륙을 기다린다. 운이 좋은 경우 자신이 탈 비행기의 비즈니스클래스에 빈자리가 있으면 체크인할 때 업그레이드를 해 주는 경우도 있다.

숫자

日本語	한국어
一 (いち) 이치	일, 1
二 (に) 니	이, 2
三 (さん) 상	삼, 3
四 (し/よん) 시/용	사, 4
五 (ご) 고	오, 5
六 (ろく) 로쿠	육, 6
七 (しち/なな) 시치/나나	칠, 7
八 (はち) 하치	팔, 8
九 (く/きゅう) 쿠/큐-	구, 9
十 (じゅう) 쥬-	십, 10
二十 (にじゅう) 니쥬-	이십, 20
三十 (さんじゅう) 산쥬-	삼십, 30
四十 (よんじゅう) 욘쥬-	사십, 40
五十 (ごじゅう) 고쥬-	오십, 50
六十 (ろくじゅう) 로쿠쥬-	육십, 60
七十 (ななじゅう) 나나쥬-	칠십, 70
八十 (はちじゅう) 하치쥬-	팔십, 80
九十 (きゅうじゅう) 큐-쥬-	구십, 90
百 (ひゃく) 햐쿠	백, 100

二百 (にひゃく) 니햐쿠	이백, 200
三百 (さんびゃく) 삼뱌쿠	삼백, 300
四百 (よんひゃく) 용햐쿠	사백, 400
五百 (ごひゃく) 고햐쿠	오백, 500
六百 (ろっぴゃく) 롭퍄쿠	육백, 600
七百 (ななひゃく) 나나햐쿠	칠백, 700
八百 (はっぴゃく) 합퍄쿠	팔백, 800
九百 (きゅうひゃく) 큐-햐쿠	구백, 900
千 (せん) 셍	천, 1,000
二千 (にせん) 니셍	이천, 2,000
三千 (さんぜん) 산젱	삼천, 3,000
四千 (よんせん) 욘셍	사천, 4,000
五千 (ごせん) 고셍	오천, 5,000
六千 (ろくせん) 로쿠셍	육천, 6,000
七千 (ななせん) 나나셍	칠천, 7,000
八千 (はっせん) 핫셍	팔천, 8,000
九千 (きゅうせん) 큐-셍	구천, 9,000
一万 (いちまん) 이치망	만, 10,000
二万 (にまん) 니망	이만, 20,000
三万 (さんまん) 삼망	삼만, 30,000

四万 (よんまん) 욤망	사만, 40,000
五万 (ごまん) 고망	오만, 50,000
六万 (ろくまん) 로쿠망	육만, 60,000
七万 (なな/しちまん) 나나/시치망	칠만, 70,000
八万 (はちまん) 하치망	팔만, 80,000
九万 (きゅうまん) 큐-망	구만, 90,000
十万 (じゅうまん) 쥬-망	십만, 100,000
百万 (ひゃくまん) 햐쿠망	백만, 1,000,000
千万 (せんまん) 셈망	천만, 10,000,000
億 (おく) 오쿠	억
十億 (じゅうおく) 쥬-오쿠	십억
百億 (ひゃくおく) 햐쿠오쿠	백억
千億 (せんおく) 셍오쿠	천억

시간

一時 (いちじ) 이치지	한 시, 1시
二時 (にじ) 니지	두 시, 2시
三時 (さんじ) 산지	세 시, 3시
四時 (よじ) 요지	네 시, 4시
五時 (ごじ) 고지	다섯 시, 5시

六時(ろくじ) 로쿠지	여섯 시, 6시
七時(しちじ) 시치지	일곱 시, 7시
八時(はちじ) 하치지	여덟 시, 8시
九時(くじ) 쿠지	아홉 시, 9시
一分(いっぷん) 입풍	1분
二分(にふん) 니훙	2분
三分(さんぷん) 삼풍	3분
四分(よんぷん) 욤풍	4분
五分(ごふん) 고훙	5분
六分(ろっぷん) 롭풍	6분
七分(ななふん) 나나훙	7분
八分(はっぷん) 합풍	8분
九分(きゅうふん) 큐-훙	9분
十分(じゅっぷん) 쥽풍	10분
一秒(いちびょう) 이치뵤-	1초
二秒(にびょう) 니뵤-	2초
三秒(さんびょう) 삼뵤-	3초
何時(なんじ) 난지	몇 시
何分(なんぷん) 남풍	몇 분
何秒(なんびょう) 남뵤-	몇 초

지시대명사와 연체사

これ 코레	이것
それ 소레	그것
あれ 아레	저것
どれ 도레	어느 것
ここ 코코	여기
そこ 소코	거기
あそこ 아소코	저기
どこ 도코	어디
こちら 코치라	이쪽
そちら 소치라	그쪽
あちら 아치라	저쪽
どちら 도치라	어느 쪽
こっち 콧치	이쪽
そっち 솟치	그쪽
あっち 앗치	저쪽
どっち 돗치	어느쪽
この 코노	이
その 소노	그
あの 아노	저

どの 도노	어느
こんな 콘나	이런
そんな 손나	그런
あんな 안나	저런
どんな 돈나	어떤
何(なに) 나니	무엇
どうして 도-시테	왜, 어째서

위치와 방향

上(うえ) 우에	위
下(した) 시타	아래
横(よこ) 요코	옆
後(うし)ろ 우시로	뒤
向(む)かい 무카이	맞은편
中(なか) 나카	안, 속
左(ひだり) 히다리	왼쪽
右(みぎ) 미기	오른쪽
外(そと) 소토	밖
東(ひがし) 히가시	동쪽
西(にし) 니시	서쪽

南(みなみ) 미나미	남쪽
北(きた) 기타	북쪽
真(ま)ん中(なか) 만나카	한가운데
隅(すみ) 스미	구석
近(ちか)く 치카쿠	근처
遠(とお)く 토-쿠	멀리
間(あいだ) 아이다	사이
内外(ないがい) 나이가이	안팎
内側(うちがわ) 우치가와	안쪽
外側(そとがわ) 소토가와	바깥쪽
両方(りょうほう) 료-호-	양쪽
左右(さゆう) 사유-	좌우
間(あいだ) 아이다	사이
中央(ちゅうおう) 츄-오-	중앙

신체

体(からだ) 카라다	몸
肌(はだ) 하다	살갗, 피부
頭(あたま) 아타마	머리
顔(かお) 카오	얼굴

目(め) 메	눈
鼻(はな) 하나	코
耳(みみ) 미미	귀
口(くち) 쿠치	입
首(くび) 쿠비	머리, 고개
肩(かた) 카타	어깨
手(て) 테	손
腕(うで) 우데	팔
胸(むね) 무네	가슴
背中(せなか) 세나카	등
腹(はら) 하라	배
腰(こし) 코시	허리
お尻(しり) 오시리	엉덩이
足(あし) 아시	발, 다리
脇(わき) 와키	겨드랑이
膝(ひざ) 히자	무릎
歯(は) 하	이
手(て)の指(ゆび) 테노유비	손가락
手首(てくび) 테쿠비	손목
関節(かんせつ) 칸세츠	관절

脳 (のう) 노-	뇌
骨 (ほね) 호네	뼈
神経 (しんけい) 싱케이	신경
気管支 (きかんし) 키칸시	기관지
内臓 (ないぞう) 나이조-	내장
腸 (ちょう) 쵸-	장, 창자
肝 (きも) 키모	간
肺 (はい) 하이	폐
心臓 (しんぞう) 신조-	신장
皮膚 (ひふ) 히후	피부
盲腸 (もうちょう) 모-쵸-	맹장
肛門 (こうもん) 코-몽	항문
髭 (ひげ) 히게	수염
筋肉 (きんにく) 킨니쿠	근육
胃 (い) 이	위

생리현상

涙 (なみだ) 나미다	눈물
汗 (あせ) 아세	땀
唾 (つば) 츠바	침

鼻水(はなみず) 하나미즈	콧물
咳(せき) 세키	기침
息(いき) 이키	숨
くしゃみ 쿠샤미	재채기
のび 노비	기지개
あくび 아쿠비	하품
おしっこ 오식코	오줌
おなら 오나라	방귀
糞(くそ) 쿠소	똥
鼻糞(はなくそ) 하나쿠소	코딱지
目糞(めくそ) 메쿠소	눈곱
にきび 니키비	여드름
鳥肌(とりはだ) 토리하다	소름, 닭살
げっぷ 겝푸	트림
しゃっくり 샤쿠리	딸꾹질
寝言(ねごと) 네고토	잠꼬대
昼寝(ひるね) 히루네	낮잠
朝寝坊(あさねぼう) 아사네보-	늦잠
眠(ねむ)り 네무리	잠
熱(ねつ) 네츠	열

冷(ひ)や汗(あせ) 히야아세	식은땀
呼吸(こきゅう) 코큐-	호흡
生理(せいり) 세-리	생리

외모

縮(ちぢ)れ毛(げ) 치지레게	곱슬머리
背(せ)が高(たか)い 세가타카이	키가 크다
背(せ)が低(ひく)い 세가히쿠이	키가 작다
太(ふと)る 후토루	살찌다
痩(や)せる 야세루	마르다, 살이 빠지다
健康(けんこう)だ 켕코-다	건강하다
弱(よわ)い 요와이	약하다
腹(はら)が出(で)る 하라가데루	배가 나오다
男(おとこ)らしい 오토코라시-	남자답다
女(おんな)らしい 온나라시-	여자답다
美男(びなん) 비낭	미남
美人(びじん) 비징	미인

일상생활

| 起(お)きる 오키루 | 일어나다 |

顔(かお)を洗(あら)う 카오오아라우	세수하다
歯(は)を磨(みが)く 하오미가쿠	이를 닦다
ご飯(はん)を食(た)べる 고항오타베루	밥을 먹다
水(みず)を飲(の)む 미즈오노무	물을 마시다
トイレに行(い)く 토이레니이쿠	화장실에 가다
化粧(けしょう)する 케쇼-수루	화장하다
出勤(しゅっきん)する 슉킨수루	출근하다
働(はたら)く 하타라쿠	일하다
忙(いそが)しい 이소가시-	바쁘다
遊(あそ)ぶ 아소부	놀다
暇(ひま)だ 히마다	한가하다
帰(かえ)って来(く)る 카엣테쿠루	돌아오다
休(やす)む 야스무	쉬다
風呂(ふろ)にはいる 후로니하이루	목욕하다
シャワーを浴(あ)びる 샤와-오아비루	샤워를 하다
寝(ね)る 네루	자다
夢(ゆめ)を見(み)る 유메오미루	꿈을 꾸다
退社(たいしゃ)する 타이샤수루	퇴근하다
登校(とうこう) 토-코-	등교
下校(げこう) 게코-	하교

通学(つうがく) 추-가쿠	통학
通勤(つうきん) 츄-킹	통근
テレビを見(み)る 테레비오미루	텔레비전을 보다
外食(がいしょく)する 가이쇼쿠수루	외식하다
出(で)かける 데카케루	외출하다

일생

暮(く)らす 쿠라스	생활하다, 살다
生(い)きる 이키루	살다
生(う)まれる 우마레루	태어나다
育(そだ)つ 소다츠	자라다
育(そだ)てる 소다테루	키우다
年(とし)を取(と)る 토시오토루	나이를 먹다
老(お)いる 오이루	늙다
死(し)ぬ 시누	죽다
婚約(こんやく)する 콩야쿠수루	약혼하다
結婚(けっこん)する 켁콘수루	결혼하다
離婚(りこん)する 리콘수루	이혼하다
娘(むすめ) 무수메	딸
息子(むすこ) 무수코	아들

若者(わかもの) 와카모노	젊은이
誕生日(たんじょうび) 탄죠-비	생일
還暦(かんれき) 캉레키	환갑, 회갑
逝去(せいきょ) 세-쿄	별세
故人(こじん) 코징	고인
喪中(もちゅう) 모츄-	상중
火葬(かそう) 카소-	화장
葬式(そうしき) 소-시키	장례식
お墓(はか) 오하카	묘
出会(であ)い 데아이	만남
人生(じんせい) 진세-	인생
一生(いっしょう) 잇쇼-	일생
生涯(しょうがい) 쇼-가이	생애

동작

掴(つか)む 츠카무	잡다
押(お)す 오스	밀다
引(ひ)く 히쿠	끌다, 당기다
触(さわ)る 사와루	만지다
殴(なぐ)る 나구루	때리다

揺(ゆ)する 유수루	흔들다
破(やぶ)る 야부루	깨다, 깨트리다
投(な)げる 나게루	던지다
受(う)ける 우케루	받다
抱(いだ)く 이다쿠	안다, 껴안다
持(も)つ 모츠	들다, 가지다
拾(ひろ)う 히로우	줍다
指(さ)す 사스	가리키다
叩(たた)く 타타쿠	두드리다
押(お)さえる 오사에루	누르다
蹴(け)る 케루	차다
歩(ある)く 아루쿠	걷다
走(はし)る 하시루	달리다
隠(かく)す 카쿠스	숨기다
生(う)まれる 우마레루	태어나다
手伝(てつだ)う 테츠다우	거들다
磨(みが)く 미가쿠	닦다
選(えら)ぶ 에라부	고르다
勧(すす)める 수수메루	권하다
作(つく)る 츠쿠루	만들다

蹴(け)る 케루	차다
考(かんが)える 캉가에루	생각하다

감각

覚(おぼ)える 오보에루	기억하다, 외우다
忘(わす)れる 와수레루	잊다
後悔(こうかい)する 코-카이수루	후회하다
悩(なや)む 나야무	고민하다
反省(はんせい)する 한세-수루	반성하다
狂(くる)う 쿠루우	미치다
気(き)になる 키니나루	걱정이 되다
気(き)が利(き)く 키가키쿠	눈치가 빠르다
気(き)がきかない 키가키카나이	눈치가 없다
気(き)を使(つか)う 키오츠카우	신경을 쓰다
気(き)をつける 키오츠케루	조심하다
誤解(ごかい)する 고카이스루	오해하다
錯覚(さっかく)する 삭카쿠수루	착각하다
信(しん)じる 신지루	믿다
相談(そうだん)する 소-당수루	의논(상담)하다
決(き)める 키메루	정하다, 결정하다

疑(うたが)う 우타가우	의심하다
感覚(かんかく) 캉카쿠	감각
閉(と)じる 토지루	(눈을) 감다
聞(き)く 키쿠	듣다
聞(き)こえる 키코에루	들리다
太(ふと)る 후토루	살찌다
冷(さ)ます 사마스	식히다
治(なお)る 나오루	(병이) 낫다
治(なお)す 나오스	(병을) 고치다

감정

嬉(うれ)しい 우레시-	기쁘다
楽(たの)しい 타노시-	즐겁다
面白(おもしろ)い 오모시로이	재미있다
つまらない 츠마라나이	시시하다
気分(きぶん)がいい 키붕가이-	기분이 좋다
きぶんが悪(わる)い 키붕가와루이	기분이 나쁘다
可笑(おか)しい 오카시-	이상하다
幸福(こうふく)だ 코-후쿠다	행복하다
興奮(こうふん)する 코-훈수루	흥분하다

感動(かんどう)する 칸도-수루	감동하다
まあまあだ 마-마-다	그저 그렇다
愛(あい)する 아이수루	사랑하다
好(す)きだ 수키다	좋아하다
嫌(きら)いだ 키라이다	싫어하다
不愉快(ふゆかい)だ 후유카이다	불쾌하다
嫉妬(しっと)する 싯토수루	질투하다
満足(まんぞく)だ 만조쿠다	만족하다
残念(ざんねん)だ 잔넨다	유감이다
悲(かな)しい 카나시-	슬프다
寂(さび)しい 사비시-	쓸쓸하다, 적적하다
辛(つら)い 츠라이	괴롭다
恐(こわ)い 코와이	무섭다
がっかりする 각카리수루	실망하다
おじけづく 오지케즈쿠	겁나다
悔(くや)しい 쿠야시-	분하다
腹立(はらだ)つ 하라다츠	화나다
驚(おどろ)く 오도로쿠	놀라다
息苦(いきぐる)しい 이키구루시-	답답하다
我慢(がまん)する 가만수루	참다

かわいそうだ	카와이소-다	불쌍하다, 가엾다
恨(うら)む	우라무	원망하다
憎(にく)む	니쿠무	미워하다, 증오하다
慌(あわ)てる	아와테루	당황하다
心配(しんぱい)する	심파이수루	걱정하다
恥(は)ずかしい	하즈카시-	부끄럽다
困(こま)る	코마루	곤란하다, 난처하다
恋(こい)しがる	코이시가루	그리워하다
可愛(かわい)がる	카와이가루	귀여워하다
心配(しんぱい)する	심파이수루	걱정하다

성격

怠(なま)ける	나마케루	게으르다
まめだ	마메다	성실하다, 착하다
落(お)ち着(つ)く	오치츠쿠	침착하다
そそっかしい	소속카시-	덜렁대다
立派(りっぱ)だ	립파다	훌륭하다
善良(ぜんりょう)だ	젱료-다	선량하다, 착하다
生意気(なまいき)だ	나마이키다	건방지다
傲慢(ごうまん)だ	고-만다	거만하다

大人(おとな)しい 오토나시-	어른스럽다
優(やさ)しい 야사시-	상냥하다
親切(しんせつ)だ 신세츠다	친절하다
純真(じゅんしん)だ 쥰신다	순진하다
利口(りこう)だ 리코-다	영리하다, 슬기롭다
勇敢(ゆうかん)だ 유-칸다	용감하다
朗(ほが)らかだ 호가라카다	명랑하다
冷(つめ)たい 츠메타이	차갑다, 냉정하다
男(おとこ)らしい 오토코라시-	남자답다
女(おんな)らしい 온나라시-	여자답다
単純(たんじゅん)だ 탄쥰다	단순하다
図々(ずうずう)しい 즈-즈-시-	뻔뻔스럽다
率直(そっちょく)だ 솟쵸쿠다	솔직하다
円満(えんまん)だ 엠만다	원만하다
性格(せいかく) 세-카쿠	성격
性質(せいしつ) 세-시츠	성질
人格(じんかく) 징카쿠	인격
適性(てきせい) 테키세-	적성
今(いま) 이마	지금

때

すぐに 수구니	곧바로, 당장
早(はや)く 하야쿠	일찍, 빨리
遅(おそ)く 오소쿠	늦게
いつも 이츠모	언제나, 항상
普段(ふだん) 후당	보통, 평소
先(さき)に 사키니	먼저, 앞서
まず 마즈	우선, 먼저
この前(まえ)に 코노마에니	요전에
ただ今(いま) 타다이마	방금
後(あと)で 아토데	나중에
これから 코레카라	앞으로, 이제부터
次(つぎ)に 츠기니	다음에
もう 모-	이미, 머지않아
再(ふたた)び 후타타비	다시, 재차
たまに 타마니	가끔, 이따금
急(きゅう)に 큐-니	갑자기
初期(しょき) 쇼키	초기
中期(ちゅうき) 츄-키	중기
後期(こうき) 코-키	후기

直前(ちょくぜん) 쵸쿠젱	직전
直後(ちょくご) 쵸쿠고	직후
日々(ひび) 히비	날마다
時々(ときどき) 토키도키	때때로
以前(いぜん) 이젱	이전
以降(いこう) 이코-	이후
前半(ぜんはん) 젱항	전반
間(あいだ) 아이다	동안, 사이
昔(むかし) 무카시	옛날
将来(しょうらい) 쇼-라이	장래
頃(ころ) 코로	무렵
当時(とうじ) 토-지	당시
日時(にちじ) 니치지	일시
歳月(さいげつ) 사이게츠	세월
過去(かこ) 카코	과거
現在(げんざい) 겐자이	현재
未来(みらい) 미라이	미래

하루의 시간

明(あ)け方(がた) 아케가타	새벽

朝(あさ) 아사	아침
昼(ひる) 히루	낮
夕方(ゆうがた) 유-가타	저녁
夜(よる) 요루	밤
夜中(よなか) 요나카	밤중
深夜(しんや) 싱야	심야
午前(ごぜん) 고젱	오전
午後(ごご) 고고	오후
正午(しょうご) 쇼-고	정오, 낮
一日(いちにち) 이치니치	하루
~中(じゅう) ~쥬-	~종일
半日(はんにち) 한니치	반나절

일과 요일

日(ひ) 히	날, 일
月(がつ/げつ) 가츠/게츠	월, 달
年(とし/ねん) 토시/넹	해, 연
何月(なんがつ) 낭가츠	몇 월
何年(なんねん) 난넹	몇 년
一日(ついたち) 츠이타치	1일

二日 (ふつか) 후츠카	2일
三日 (みっか) 믹카	3일
四日 (よっか) 욕카	4일
五日 (いつか) 이츠카	5일
六日 (むいか) 무이카	6일
七日 (なのか) 나노카	7일
八日 (ようか) 요-카	8일
九日 (ここのか) 코코노카	9일
十日 (とおか) 토-카	10일
二十日 (はつか) 하츠카	20일
一ヶ月 (いっかげつ) 익카게츠	한 달, 1개월
週末 (しゅうまつ) 슈-마츠	주말
月末 (げつまつ) 게츠마츠	월말
年末 (ねんまつ) 넴마츠	연말
月曜日 (げつようび) 게츠요-비	월요일
火曜日 (かようび) 카요-비	화요일
水曜日 (すいようび) 수이요-비	수요일
木曜日 (もくようび) 모쿠요-비	목요일
金曜日 (きんようび) 킹요-비	금요일
土曜日 (どようび) 도요-비	토요일

연월일

今年(ことし) 코토시	올해, 금년
来年(らいねん) 라이넹	내년
再来年(さらいねん) 사라이넹	내후년
去年(きょねん) 쿄넹	작년
昨年(さくねん) 사쿠넹	작년
一昨年(おととし) 오토토시	재작년
毎年(まいとし) 마이토시	매해, 매년
今月(こんげつ) 콩게츠	이번 달
先月(せんげつ) 셍게츠	지난 달
来月(らいげつ) 라이게츠	다음 달
再来月(さらいげつ) 사라이게츠	다다음 달
毎月(まいつき) 마이츠키	매달, 매월
今日(きょう) 쿄-	오늘
明日(あした) 아시타	내일
明後日(あさって) 아삿테	모레
昨日(きのう) 키노-	어제
一昨日(おととい) 오토토이	그제
毎日(まいにち) 마이니치	매일
初旬(しょじゅん) 쇼즁	초순

中旬(ちゅうじゅん) 츄-쥰	중순
下旬(げじゅん) 게쥰	하순
始(はじ)め 하지메	초
末(すえ) 수에	말
一日中(いちにちじゅう) 이치니치쥬-	하루종일
日付(ひづけ) 히즈케	날짜
年月(ねんげつ) 넹게츠	세월

날씨와 기후

天気(てんき) 뎅키	날씨
晴(は)れ 하레	맑음, 개임
曇(くも)り 쿠모리	흐림
雲(くも) 쿠모	구름
雨(あめ) 아메	비
雪(ゆき) 유키	눈
風(かぜ) 카제	바람
晴(は)れる 하레루	맑다, 개이다
台風(たいふう) 타이후-	태풍
稲妻(いなずま) 이나즈마	번개
雷(かみなり) 카미나리	천둥, 우뢰

気温(きおん) 키옹	기온
気圧(きあつ) 키아츠	기압
地震(じしん) 지싱	지진
洪水(こうずい) 코-즈이	홍수
日照(ひでり) 히데리	가뭄
夕立(ゆうだち) 유-다치	소나기
梅雨(つゆ) 츠유	장마
津波(つなみ) 츠나미	해일, 쓰나미
日差(ひざ)し 히자시	햇살
日向(ひなた) 히나타	양지
日陰(ひかげ) 히카게	음지
吹雪(ふぶき) 후부키	눈보라
雪崩(なだ)れ 나다레	눈사태
小雨(こさめ) 코사메	가랑비
にわか雨(あめ) 니와카아메	소나기
気候(きこう) 키코-	기후
空(そら) 소라	하늘
空気(くうき) 쿠-키	공기
湿気(しっけ) 식케	습기
霧(きり) 키리	안개

露(つゆ) 츠유	이슬
霜(しも) 시모	서리
虹(にじ) 니지	무지개
暖(あたた)かい 아타타카이	따뜻하다
暑(あつ)い 아츠이	덥다
蒸(む)し暑(あつ)い 무시아츠이	무덥다
涼(すず)しい 수즈시-	시원하다
寒(さむ)い 사무이	춥다
氷(こおり) 코-리	얼음
つらら 츠라라	고드름
陽炎(かげろう) 카게로-	아지랑이
天気予報(てんきよほう) 뎅키요호-	일기예보
気象(きしょう) 키쇼-	기상
風速(ふうそく) 후-소쿠	풍속
注意報(ちゅういほう) 츄-이호-	주의보
警報(けいほう) 케-호-	경보
高気圧(こうきあつ) 코-키아츠	고기압
低気圧(ていきあつ) 테-키아츠	저기압
気圧(きあつ)の谷(たに) 키아츠노타니	기압골
日照(ひで)り 히데리	가뭄

| 氷点下 (ひょうてんか) 효-텡카 | 영하 |
| 飼 (か) う 카우 | 기르다(동물 등) |

동물

餌 (えさ) をやる 에사오야루	먹이를 주다
犬 (いぬ) 이누	개
猫 (ねこ) 네코	고양이
ねずみ 네즈미	쥐
ゴキブリ 고키부리	바퀴벌레
蚊 (か) 카	모기
はえ 하에	파리
鳥 (とり) 토리	새
牛 (うし) 우시	소
馬 (うま) 우마	말
虎 (とら) 토라	호랑이
魚 (さかな) 사카나	물고기
虫 (むし) 무시	벌레
鶏 (にわとり) 니와토리	닭
ウサギ 우사기	토끼
スズメ 수즈메	참새

豚(ぶた) 부타	돼지
ライオン 라이옹	사자
熊(くま) 쿠마	곰
鯨(くじら) 쿠지라	고래
サメ 사메	상어
ゴリラ 고리라	고릴라
チンパンジー 침판지-	침팬지
キリン 키링	기린
象(ぞう) 조-	코끼리

식물

植物(しょくぶつ) 쇼쿠부츠	식물
稲(いね) 이네	벼
麦(むぎ) 무기	보리
草(くさ) 쿠사	풀
松(まつ) 마츠	소나무
柳(やなぎ) 야나기	버드나무
むくげ 무쿠게	무궁화
花(はな) 하나	꽃
咲(さ)く 사쿠	(꽃이) 피다

桜(さくら) 사쿠라	벚(꽃)
実(み) 미	열매
新芽(しんめ) 심메	새싹
根(ね) 네	뿌리
葉(は) 하	잎
紅葉(もみじ) 모미지	단풍
落葉(おちば) 오치바	낙엽
芝生(しばふ) 시바후	잔디
木(き) 키	나무
バラ 바라	장미
松(まつ) 마츠	소나무
竹(たけ) 타케	대나무
杉(すぎ) 수기	삼나무
銀杏(いちょう) 이쵸-	은행나무
楓(かえで) 카에데	단풍
ヤシ 야시	야자나무
菊(きく) 키쿠	국화

의복

服(ふく) 후쿠	옷

紳士服(しんしふく) 신시후쿠	신사복
婦人服(ふじんふく) 후징후쿠	여성복
洋服(ようふく) 요-후쿠	옷(서양옷)
和服(わふく) 와후쿠	일본전통 옷
ズボン 즈봉	바지
スカート 수카-토	스커트, 치마
上着(うわぎ) 우와기	겉옷, 상의
ワンピース 왐피-스	원피스
コート 코-토	코트, 웃옷
セーター 세-타-	스웨터
ワイシャツ 와이샤츠	와이셔츠
下着(したぎ) 시타기	속옷
ランニング 란닝구	러닝
シュミーズ 슈미-즈	속치마
靴下(くつした) 쿠츠시타	양말
着(き)る 키루	입다
脱(ぬ)ぐ 누구	벗다
衣服(いふく) 이후쿠	의복
衣装(いしょう) 이쇼-	의상
服装(ふくそう) 후쿠소-	복장

身(み)なり 미나리	옷차림
長袖(ながそで) 나가소데	긴소매
半袖(はんそで) 한소데	반소매
袖無(そでな)し 소데나시	민소매
布(ぬの) 누노	천

장신구

帽子(ぼうし) 보-시	모자
眼鏡(めがね) 메가네	안경
腕時計(うでどけい) 우데도케-	손목시계
手袋(てぶくろ) 테부쿠로	장갑
襟巻(えりま)き 에리마키	목도리
ベルト 베루토	벨트, 허리띠
ハンカチ 항카치	손수건
財布(さいふ) 사이후	지갑
履物(はきもの) 하키모노	신발
靴(くつ) 쿠츠	구두
運動靴(うんどうぐつ) 운도-구츠	운동화
指輪(ゆびわ) 유비와	반지
腕輪(うでわ) 우데와	팔찌

首飾(くびかざ)り 쿠비카자리	목걸이
イヤリング 이야링구	귀걸이
ハンドバック 한도박쿠	핸드백
アクセサリー 아크세사리-	액세서리
ブローチ 부로-치	브로치
傘(かさ) 카사	우산
日傘(ひがさ) 히가사	양산
帽子(ぼうし) 보-시	모자
マフラー 마후라-	머플러
ネックレス 넥쿠레스	목걸이
サンダル 산다루	샌들

식사

空腹(くふく)だ 쿠-후쿠다	배고프다
満腹(まんぷく)だ 맘프쿠다	배부르다
おいしい 오이시-	맛있다
まずい 마즈이	맛없다
食欲(しょくよく) 쇼쿠요쿠	식욕
朝食(ちょうしょく) 쵸-쇼쿠	아침식사, 조식
昼食(ちゅうしょく) 츄-쇼쿠	점심식사, 중식

夕食(ゆうしょく) 유-쇼쿠	저녁식사, 석식
間食(かんしょく) 칸쇼쿠	간식
ご飯(はん) 고항	밥
おかず 오카즈	반찬
食(た)べる 타베루	먹다
汁(しる) 시루	국
腐(くさ)る 쿠사루	썩다
食事(しょくじ) 쇼쿠지	식사
飲(の)む 노무	마시다
箸(はし) 하시	젓가락
割箸(わりばし) 와리바시	1회용 나무젓가락
バイキング 바이킹구	뷔페
大盛(おおも)り 오-모리	곱빼기
定食(ていしょく) 테-쇼쿠	정식
メニュー 메뉴-	메뉴
献立(こんだて) 콩다테	식단
おやつ 오야츠	간식
夜食(やしょく) 야쇼쿠	야식
食券(しょっけん) 쇽켕	식권

조미료

調味料(ちょうみりょう) 쵸-미료-	조미료
塩(しお) 시오	소금
砂糖(さとう) 사토-	설탕
醬油(しょうゆ) 쇼-유	간장
ラー油(ラーゆ) 라-유	고추기름
酢(す) 수	식초
胡椒(こしょう) 코쇼-	후춧가루
油(あぶら) 아부라	기름
胡麻油(ごまあぶら) 고마아부라	참기름
胡麻(ごま) 고마	참깨
葱(ねぎ) 네기	파
生姜(しょうが) 쇼-가	생강
山葵(わさび) 와사비	고추냉이

맛과 조리법

辛(から)い 카라이	맵다
塩辛(しおから)い 시오카라이	짜다
薄(うす)い 우수이	싱겁다
酸(す)っぱい 습파이	시다

甘(あま)い 아마이	달다
苦(にが)い 니가이	쓰다
調理(ちょうり) 쵸-리	조리
みじんぎり 미징기리	잘게 썲
煮物(にもの) 니모노	조림
炒(いた)め物(もの) 이타메모노	볶음
焼(や)き物(もの) 야키모노	구이
味付(あじつ)け 아지츠케	맛을 냄
蒸(む)す 무스	찌다

거리

通(とお)り 토-리	거리
歩道(ほどう) 호도-	인도
裏通(うらどお)り 우라도-리	뒷길
左(ひだり) 히다리	왼쪽
右(みぎ) 미기	오른쪽
入口(いりぐち) 이리구치	입구
出口(でぐち) 데구치	출구
東口(ひがしぐち) 히가시구치	동쪽출구
西口(にしぐち) 니시구치	서쪽출구

南口 (みなみぐち) 미나미구치	남쪽출구
北口 (きたぐち) 키타구치	북쪽출구
前 (まえ) 마에	앞
後ろ (うしろ) 우시로	뒤
方向 (ほうこう) 호-코-	방향
まっすぐ 맛스구	곧바로
向かい側 (むかいがわ) 무카이가와	맞은쪽
信号 (しんごう) 싱고-	신호
十字路 (じゅうじろ) 쥬-지로	네거리
広場 (ひろば) 히로바	광장
横断歩道 (おうだんほどう) 오-당호도-	횡단보도
目印 (めじるし) 메지루시	표시
交差点 (こうさてん) 코-사텡	교차로
道路 (どうろ) 도-로	도로
角 (かど) 카도	모퉁이
大通り (おおどおり) 오-도-리	대로

상태

横 (よこ) 요코	가로
縦 (たて) 타테	세로

大(おお)きい 오-키-	크다
小(ちい)さい 치-사이	작다
多(おお)い 오-이	많다
少(すく)ない 스쿠나이	적다
長(なが)い 나가이	길다
短(みじか)い 미지카이	짧다
高(たか)い 타카이	높다
低(ひく)い 히쿠이	낮다
厚(あつ)い 아츠이	두껍다
薄(うす)い 우수이	얇다
太(ふと)い 후토이	굵다
細(ほそ)い 호소이	가늘다
重(おも)い 오모이	무겁다
軽(かる)い 카루이	가볍다
丸(まる)い 마루이	둥글다
四角(しかく)だ 시카쿠다	네모지다
良(よ)い 요이	좋다
悪(わる)い 와루이	나쁘다
強(つよ)い 츠요이	강하다, 세다
弱(よわ)い 요와이	약하다

新(あたら)しい 아타라시-	새롭다
古(ふる)い 후루이	낡다, 오래되다
同(おな)じだ 오나지다	같다, 동일하다
違(ちが)う 치가우	다르다
簡単(かんたん)だ 칸탄다	간단하다
複雑(ふくざつ)だ 후쿠자츠다	복잡하다
変(へん)だ 헨다	이상하다
広(ひろ)い 히로이	넓다
狭(せま)い 세마이	좁다
深(ふか)い 후카이	깊다
浅(あさ)い 아사이	얕다
美(うつく)しい 우츠쿠시-	아름답다
奇麗(きれい)だ 키레이다	예쁘다
可愛(かわい)い 카와이-	귀엽다
ハンサムだ 한사무다	핸섬하다
速(はや)い 하야이	빠르다
遅(おそ)い 오소이	느리다

자료협력 : 일본정부관광국(JNTO)
홈페이지 : www.welcometojapan.or.kr
연락처 : 02-777-8601

저자 약력

Koseki Emi

現) 이천시 문화원 일본어 강사
現) 하이닉스 인재개발원 일본어 강사
現) 이천시 평생학습 일본어 강사
現) 이천시 신둔면 사무소 일본어 강사

실시간 여행일본어

1판 1쇄 인쇄 2012년 11월 1일 | **1판 3쇄 발행** 2014년 11월 5일
감수자 Koseki Emi | **펴낸이** 윤다시 | **펴낸곳** 도서출판 예가
주소 서울시 영등포구 당산동 1가 191-10
전화 02)2633-5462 | **팩스** 02)2633-5463
이메일 yegabook@hanmail.net
블로그 http://blog.daum.net/yegabook | **등록번호** 제 8-216호
ISBN 978-89-7567-555-3 13730

※ 잘못된 책은 바꿔드립니다.
※ 인지는 저자와의 합의하에 생략합니다.
※ 가격은 표지 뒷면에 있습니다.